Série Harmonie

SANDY STEEN

L'étrange soirée à la Villa Capri

Duo

Les livres que votre cœur attend

Titre original : *Past Perfect*

Originally published by SILHOUETTE BOOKS
division of Harlequin Enterprises Ltd,
Toronto, Canada

Traduction française

48, avenue Victor-Hugo, 75116 Paris

Chapitre 1

Les langues allaient bon train dans la petite ville de McCauley dans le Texas. Les commérages s'y répandaient aussi rapidement que le lierre sur une maison abandonnée. La plupart de ses habitants descendaient tous d'un petit noyau de trois familles. Vingt minutes après l'arrivée de la limousine en ville, tout le monde était au courant.

De derrière les vitre teintées de la luxueuse voiture, Cameron Felton leva les yeux du contrat qu'il était en train d'étudier et regarda sa ville natale sans indulgence, et avec objectivité. Le long des rues étroites s'alignaient des façades sans charme ayant grand besoin d'un coup de peinture fraîche. Les rues convergeaient toutes vers la place de la mairie et du tribunal.

Rien n'avait changé depuis son départ. Et s'il connaissait bien les mœurs des habitants de McCauley, tous étaient en train de s'interroger sur l'identité de l'occupant de la voiture. *Spéculez, chers amis, spéculez...*, songeait-il. Il était prêt à parier un million de dollars que la dernière personne qu'ils s'attendaient à voir descendre était Cameron Felton.

Tout en donnant ses instructions au chauffeur, il remua les épaules et tourna la tête de droite à gauche pour tenter de se détendre. Combien d'années s'étaient écoulées depuis que ces rues avaient pour la dernière fois été témoins de son insatisfaction et de sa colère?

Douze, exactement.

Sur son ordre, le chauffeur ralentit, puis rangea la voiture silencieuse le long du trottoir. Cameron descendit. Une brise légère tempérait la chaleur torride de ce mois de juin. Avec irritation, il repoussa une mèche de cheveux noirs tombée sur son front. Enfonçant les mains dans ses poches, il regarda la grande maison victorienne qui occupait depuis la Révolution les deux hectares de terrain au bout de Willow Lane. La balançoire était encore accrochée à une branche du vieux chêne, près du garage. Il l'avait fabriquée lui-même avec un vieux pneu de tracteur.

La propriété avait été bien entretenue. De minces piliers élégants supportaient les terrasses de l'étage. Des rideaux ivoire ornaient les fenêtres fraîchement repeintes. Hormis la couleur désormais bleu lavande des murs, la maison était telle qu'il l'avait quittée douze années plus tôt.

Son regard remonta jusqu'à une fenêtre du deuxième étage. Celle de la chambre d'Eden. Possédait-elle encore son antique lit à baldaquin? Aimait-elle toujours les draps roses? Il détourna vivement les yeux.

Douze longues années s'étaient écoulées depuis qu'il avait quitté cette maison, cette ville. Et pourtant, ses souvenirs étaient intacts. Des vagues de nostalgie douce-amère le submergèrent, ravivant ses souvenirs...

*
**

De retour d'un séjour de ski organisé pour éviter de passer Noël avec son père, Winston Felton, Cameron avait découvert avec stupéfaction que celui-ci — veuf depuis une quinzaine d'années — s'était remarié. Sa nouvelle épouse avait une fille, Eden.

Quand son père lui présenta cette gracieuse jeune fille de dix-sept ans, Cameron la traita d'abord comme une enfant, avec toute la morgue et le dédain d'un jeune homme de son âge. *Jolie, cependant, mais trop effacée et vraiment trop jeune pour son goût*, ajouta-t-il après un examen plus approfondi.

Cameron et Winston Felton n'avaient jamais pu rester dans la même pièce plus de cinq minutes sans se quereller. Les visites de Cameron étaient donc généralement très brèves. Au cours de l'année suivante, chacune d'elles le laissa plus dérouté. Son attirance pour Eden croissait proportionnellement à l'arrondissement gracieux de ses formes d'adolescente. Il se souvenait parfaitement du moment où il cessa de la considérer comme une enfant.

Tout avait commencé bien innocemment, le premier soir où il était rentré chez lui d'un autre séjour de ski. Il avait proposé à Eden de ranger les décorations de Noël. Accidentellement, alors qu'elle venait de lui tendre une masse de guirlandes à hisser sur l'étagère supérieure d'un placard, elle effleura sa hanche en laissant retomber son bras. Qui aurait pu croire qu'un contact si bref ait pu provoquer chez elle une réaction aussi violente ? Elle avait littéralement sursauté comme un chaton effrayé.

Il n'oublierait jamais l'expression de son visage. Ses yeux avaient reflété la surprise, mais aussi l'émerveillement, comme si elle venait de faire une découverte miraculeuse. La lumière douce qui avait brillé dans ses yeux émeraude lui avait donné le vertige.

La gorge nouée, ils s'étaient longuement regardés, ne sachant ni l'un ni l'autre que dire ou que faire. Anéantis. Dieu seul sait combien de temps ils seraient restés ainsi pétrifiés si le père de Cameron n'était pas sorti de son bureau à ce moment-là.

Deux jours plus tard, Cameron regagnait son université, confus et en colère contre lui-même, bien qu'il n'eût su expliquer pourquoi.

Aux vacances de printemps, il revint chez lui le cœur battant d'espoir. Depuis son dernier séjour, en repensant à l'incident du placard, il avait essayé de mettre son trouble sur le compte du désir fougueux de la jeunesse. Mais curieusement, il se rappelait moins la sensation de frôlement de la main d'Eden sur sa hanche que le regard émeraude qui avait frappé son cœur.

Dès qu'il la revit, une contraction douloureuse lui noua l'estomac. Adorable Eden Scott, avec un sourire assez chaleureux pour faire fondre les cœurs les plus durs, et un corps d'une beauté à couper le souffle. Elle était sa demi-sœur, et il la désirait ! Pire, il sentait que ses sentiments étaient payés de retour.

Dieu merci, il retournait à l'université le lendemain. Une journée de plus dans la même maison qu'Eden et il perdrait vraiment la raison. Etait-elle consciente de l'extraordinaire séduction qu'elle opérait sur lui ? Savait-elle combien il désirait goûter ses lèvres, sentir son corps se presser contre le sien ? Non, bien sûr, Eden ne pensait pas à ces choses-là. Il la connaissait suffisamment pour savoir qu'elle ne se trouvait ni attrayante ni belle. Si elle savait !

— Cameron ?

Il leva brusquement les yeux du manuel juridique ouvert sur ses genoux et s'aperçut qu'elle s'était approchée de lui. Il rougit légèrement.

— Tu m'as encore regardée, continua-t-elle d'un ton accusateur.

Autre raison d'être troublé par Eden Scott, elle disait tout ce qu'elle pensait. Dans sa naïveté, elle était parfois directe au point d'être embarrassante.

— Non, mentit-il. Personne ne t'a donc jamais appris à ne pas dire tout ce qui te passait par la tête ? C'est... agaçant.

— Je ne peux pas m'en empêcher, dit-elle en écartant les bras avec une impuissance si attendrissante que Cameron faillit une fois de plus oublier qu'elle n'avait que dix-huit ans.

Sur ces mots, elle lui sourit. Quand Eden Scott souriait, ses yeux pétillaient et son visage rayonnait. Pendant le silence qui suivit, Cameron pensa qu'elle avait peut-être abandonné le sujet. Il n'avait pas cette chance.

— Je ne pense pas que ce soit mal, reprit Eden. Et toi ?

— De quoi parles-tu ?

— Je ne pense pas que ce soit mal que tu... que tu me regardes. Nous ne sommes pas vraiment de la même famille, et...

Cameron referma son livre d'un coup sec et se leva d'un bond.

— Pour l'amour du ciel, Eden, tais-toi !

Il se gratta un instant la nuque, mal à l'aise. Puis il fonça vers la porte, la tête baissée, les joues en feu.

— Dis à papa que je suis à Dallas. Et ne m'attendez pas pour dîner. J'ignore à quelle heure je rentrerai.

Sans un regard en arrière, il sortit de la maison.

Il revint cinq heures plus tard. Ivre. Mais conscient que Winston Felton crierait au scandale s'il se trouvait nez-à-nez avec son fils dans cet état. Il faisait tellement attention de ne pas faire de bruit qu'il ne vit Eden que lorsqu'il arriva devant elle. Elle était immobile, debout dans l'encadrement de la porte du salon. De saisissement, il lui empoigna le bras. Dès cet instant, les vapeurs de l'alcool commencèrent à se dissiper, lentement d'abord, puis de plus en plus rapidement.

Elle n'est pas pour toi, ne cessait-il de se répéter.

Mais la toucher avait été sa première erreur.

— Cameron, lâche-moi, dit-elle doucement. Tu sens l'alcool.

Il hocha la tête, électrisé par la douceur de son regard.

— Il est tard, Cameron. Tu devrais dormir à cette heure.

— Avec toi, bredouilla-t-il.

— Pardon?

— Je veux dormir avec toi.

Elle s'écarta, essayant de desserrer ses doigts autour de son poignet.

— Cameron, c'est impossible.

— Eden...

Il la relâcha brusquement et baissa les yeux.

— Excuse-moi, dit-il honteusement. Retourne vite dans ta chambre. Tu as raison, je suis ivre.

— Tu l'étais.

— Je le suis toujours.

— Non. Tu refuses de regarder en face ce que nous essayons tous les deux d'éviter depuis le premier jour où tu es rentré à la maison.

— Eden, je t'en prie, supplia-t-il. Disparais.

Comme elle n'en faisait rien, il se retourna vers elle. Ce fut sa seconde erreur.

Las de lutter contre le destin, il leva lentement les mains et lui caressa la gorge. De son côté, Eden glissa les doigts dans ses cheveux, avant de caresser la charpente solide de ses épaules.

Quand leurs lèvres se joignirent, le monde extérieur cessa d'exister. Elle était si douce qu'il aurait aimé se laisser glisser avec elle sur le plancher et s'abandonner à la tourmente de leurs sens.

Peut-être gémit-elle doucement, peut-être la sentit-il se raidir imperceptiblement, en tout cas, il revint brutalement à la réalité et se rendit compte de ce qu'il avait failli faire.

A contre-cœur, il recula d'un pas chancelant.

— Il faut nous arrêter, murmura-t-il. Maintenant, avant que...

— Oui, répondit-elle dans un murmure à peine audible.

— Monte dans ta chambre, Eden.

— Oui, répéta-t-elle.

Lentement, elle commença à s'éloigner de lui, à reculons, sans le quitter ses yeux. Enfin, elle virevolta sur elle-même et monta l'escalier en courant. Quand le silence retomba, Cameron s'affaissa dans le fauteuil le plus proche.

— Tu devrais avoir honte de toi, Cameron, grommela-t-il dans l'obscurité.

Le soupir qui s'échappa alors de ses lèvres avait pris naissance au plus profond de son âme.

Le lendemain, il retourna à l'université, l'esprit torturé par ce qu'Eden devait penser de lui. Un sentiment plus fort que le désir lui étreignait le cœur. Il avait envie, tout simplement, *d'être* avec elle.

Il avait eu cette révélation aux petites heures du matin, en révisant un examen. Depuis la mort de sa mère, Cameron ne s'était jamais senti chez lui dans la confortable demeure familiale des Felton. La présence d'Eden lui avait fait prendre conscience de l'ampleur de sa solitude. Il voulait partager ses rêves avec elle. En deux mots, il avait besoin d'elle.

Un mois et demi plus tard, sur le chemin du retour, au volant de sa vieille camionnette rouge, il roula comme un possédé. Il allait revoir Eden ! Depuis qu'il avait quitté le campus, il n'avait pensé à rien d'autre qu'à elle. Jamais il n'avait connu pareille impatience de rentrer à McCauley.

Le soleil disparaissait à l'horizon quand il s'engagea dans l'allée de graviers de la maison de son père. La première personne qu'il aperçut sur le seuil fut Eden, dix fois plus belle que dans ses souvenirs. Puis Paul Kirby qui sortait derrière elle et la précédait vers une BMW verte garée au pied de la véranda. De toute évidence, Eden sortait. Avec un homme !

Cameron se maudit de sa stupidité. Ses doigts se crispèrent sur le volant. Qu'avait-il espéré ? Qu'elle se languirait de son retour ? La colère fit monter le sang à son visage. Que pouvait-elle bien trouver à un âne comme Kirby ?

De deux ans le cadet de Cameron, Kirby était ce que l'on appelle communément un « coureur de jupons », un vantard qui ne tarissait pas sur ses conquêtes féminines. Bien qu'ayant fréquenté deux lycées différents, Cameron et lui avaient toujours été des rivaux tant en sport qu'auprès des filles. La plupart du temps, Cameron était le vainqueur.

Il regarda Paul et Eden monter dans le coupé sport dont Paul était si fier, et songea qu'elle aurait au moins pu agiter la main dans sa direction.

La mort dans l'âme, il prit sa valise défoncée à l'arrière de la camionnette et se dirigea vers la maison. Winston Felton entra dans la cuisine au moment où son fils y arrivait par le jardin.

— Mes félicitations, Cameron, dit-il en lui tendant la main.

Cameron s'était demandé à plusieurs reprises si son père lui présenterait des excuses pour son absence lors de la remise des diplômes de fin d'année. La mère d'Eden lui avait envoyé une carte, mais de son père, il n'avait eu aucune nouvelle.

Il serra brièvement la main tendue.

— Maintenant que tu as terminé tes études et que tu vas entrer dans le monde du travail, je suppose que tu as l'intention de prendre un appartement. Dès que tes moyens te le permettront, bien sûr.

Il avait à peine deux pieds dans la maison, et déjà son père n'avait qu'une hâte, le voir repartir. La mère de Cameron avait toujours fait office de tampon entre les deux hommes. Mais depuis sa mort, leurs relations n'avaient jamais pu se réchauffer.

— Ne t'inquiète pas, père. Je suis tout à fait

conscient de ta générosité, et je ne t'imposerai pas ma présence plus longtemps que nécessaire.

Sur ces mots à double sens, il tourna les talons et quitta la pièce.

Au pied de l'escalier, il rencontra la mère d'Eden.

— Bonsoir, Cameron.

— Bonsoir Lila.

— Comment s'est passé le voyage?

— Très bien.

— Cameron, je suis désolée pour le dîner, dit-elle doucement.

Les pensées de Cameron étaient à des lieues de ces contingences matérielles.

— Pardon? demanda-t-il.

— Je voulais te préparer un bon dîner pour ton retour à la maison, mais...

Elle jeta un coup d'œil vers son mari debout dans l'encadrement de la porte de la cuisine.

— ... ton père et moi nous sortons, et Eden a...

— Ne vous faites aucun souci, Lila. Je me débrouillerai.

— Justement, je me fais du souci, Cameron. Je voudrais que nous soyons une vraie famille. Je sais qu'il t'est difficile d'accepter une autre femme aux côtés de ton père après toutes ces années.

Sa sincérité le toucha, et il n'eut pas le cœur de lui rétorquer qu'elle pouvait abandonner tout de suite ses rêves de « vraie famille ». Lui-même avait perdu cet espoir bien avant son arrivée dans la vie de son père.

— Merci, Lila. Mais que cela ne vous gâche pas votre soirée, à mon père et à vous.

Elle soupira, jeta un coup d'œil vers la cuisine. Winston était parti.

— Cameron, il est très fier de toi, chuchota-t-elle, craignant manifestement d'être entendue. Je sais que vous avez des difficultés à communiquer, tous les deux, mais il t'aime, je peux te l'assurer.

Cameron plongea les yeux dans le regard limpide qui lui rappelait tant celui d'Eden, et il eut un élan d'affection vers elle.

— Je sais que vous le croyez, Lila. Mais...

— Lila? résonna la voix de son père. Nous allons être en retard.

Cameron tapota gentiment la main posée sur son bras.

— Passez une bonne soirée, Lila.

Quelques instants plus tard, il entendit la vieille automobile de son père démarrer dans le garage. Il se changea et ressortit aussitôt. Si Eden et Paul ne s'étaient pas rendus dans la ville voisine, ils ne pouvaient être qu'à la Pizzeria Mario.

Le restaurant était bondé. Au milieu de la foule des collégiens qu'il connaissait tous de vue, il repéra Paul et Eden au fond du restaurant. C'était le seul couple qui n'était pas assis côte à côte sur la banquette du box. Encouragé, Cameron s'approcha de leur table.

— Ça gaze? demanda-t-il d'un ton désinvolte en s'accoudant au dossier de la banquette.

Paul Kirby leva vers lui des yeux surpris.

— Cameron ! Tu viens d'arriver de l'université ? Il paraît que tu as obtenu ton diplôme.

Sans quitter Eden des yeux, Cameron hocha la tête.

— Je suppose que tu vas aller t'installer ailleurs, maintenant. Crois-moi, j'attends d'avoir le mien avec impatience. Il n'y a rien que je regretterai dans cette ville.

Sur ces mots, il lança un regard prudent vers la jeune fille qui l'accompagnait.

— Excepté toi, Eden.

— Merci, Paul, dit-elle avec un sourire.

— Puis-je m'asseoir avec vous ? demanda Cameron en prenant place sans attendre la réponse de Paul. Tout à l'heure, vous êtes partis au moment où j'arrivais, et je n'ai pas encore eu l'occasion de saluer Eden, ajouta-t-il en cherchant son regard. Bonsoir, Eden.

— Bonsoir Cameron, murmura-t-elle. Contente de te revoir.

Eden était la première à prononcer ces quelques mots de bienvenue, avec cette simplicité touchante qu'il trouvait irrésistible. A cet instant, Cameron sut qu'il était amoureux fou d'elle.

— Moi aussi, répondit-il.

Paul Kirby plissa les yeux.

— Si Eden n'était pas ta sœur, Cameron, dit-il lentement, j'aurais l'impression que tu essaies de me jouer un tour à ta façon...

— Si telle était mon intention, Kirby, tu le saurais.

— Personnellement, je préfère me concentrer

sur une seule fille à la fois. Je ne suis pas un séducteur comme toi, le provoqua Paul en recouvrant la main d'Eden de la sienne.

Cameron prit la paille qui était dans son verre et la plia en deux. Quand il parla, ce fut presque d'une voix d'outre-tombe.

— Du moment que tu ne te concentres pas sur Eden...

La jeune fille retira sa main et la posa sur le bras de Cameron pour tenter de le calmer. Paul et Cameron se défiaient maintenant avec des regards meurtriers.

— Je veux rentrer! dit Eden.

Les deux jeunes gens cessèrent de se toiser avec hostilité quelques secondes pour se tourner vers elle. Elle était blanche comme un linge.

— Tu es un peu pâle, c'est vrai, répondit Paul en lui effleurant la joue.

— Je vais la raccompagner, intervint Cameron en repoussant brutalement la main de Paul.

La mâchoire de ce dernier se crispa.

— Ton père aurait une attaque s'il lui arrivait quoi que ce soit, grommela-t-il.

— C'est exactement mon sentiment.

A présent, Kirby ne faisait plus aucun effort pour dissimuler sa haine. Mais il fut le premier à lâcher prise.

— Très bien, Felton, tu peux la raccompagner. Pour cette fois-ci, ajouta-t-il d'un ton menaçant.

Cameron saisit le poignet de la jeune fille sans aucune douceur et l'entraîna au pas de course hors du restaurant. Au milieu de la rue principale, une dispute éclata entre eux. Eden était affreusement vexée, et pleurait de honte. Lui était torturé par une jalousie rageuse.

C'est alors qu'elle lui avoua qu'elle l'aimait. Il fut d'abord abasourdi. Puis fou de bonheur.

— Où pouvons-nous aller? demanda-t-il dans un murmure, torturé par le désir.

— Sur le terrain de foire, répondit-elle.

Une fois par an, le carnaval avait lieu dans ce vaste terrain vague qui, le reste du temps, ne recevait comme visiteurs que les amoureux de la ville de McCauley. La camionnette s'arrêta sous un large chêne et Cameron coupa le moteur. Le silence tomba entre eux. Puis soudain, il abattit le poing sur le volant et secoua énergiquement la tête.

— C'est de la folie, Eden. Je te raccompagne à la maison.

— Je ne veux pas rentrer.

— Je ne te demande pas ton avis.

Il tendit la main vers la clé de contact. Mais des doigts chauds et doux l'arrêtèrent.

— Cameron, ma place est ici, avec toi. Si tu me raccompagnes maintenant, je te rejoindrai dans ta chambre.

Il se tourna brusquement vers elle, profondément troublé.

— Bon sang, Eden, j'aimerais que tu réfléchisses à deux fois avant de parler!

— Pourquoi? C'est la vérité. Je te désire... tu me désires. Qu'y a-t-il d'anormal à cela?

— Eden, voyons, tu es...

— Je suis vierge, oui. Et alors?

— Et alors?!

Il la dévisagea comme si elle avait perdu l'esprit.

— Je suis étonnée de tes scrupules, le taquina-t-elle. Ils correspondent mal à ta réputation.

— Elle est largement usurpée, crois-moi.

Le silence retomba entre eux.

Au bout de quelques minutes, ils se jetèrent dans les bras l'un de l'autre et s'étreignirent de toutes leurs forces.

— Je n'ai pas cessé de penser à toi, murmura Cameron contre son cou.

— Moi aussi...

Des doigts timides et tremblants défirent les boutons de sa chemise. Avec un sentiment proche de l'adoration, il commença à la caresser doucement. Eden l'encourageait avec une audace étonnante chez une jeune fille innocente. Entre deux baisers, il l'inondait de compliments. Si ce qu'ils étaient en train de faire était de la folie, alors il s'y abandonnait bien volontiers car à chacun des soupirs d'Eden, il perdait un peu plus la tête.

Cameron ne se souvenait pas du moment où leurs vêtements n'avaient plus cessé d'être un obstacle pour eux. Mais jamais il n'oublierait celui où leurs corps brûlants s'étaient enlacés. Il ne se rappelait pas un instant d'hésitation chez Eden. Mais jusqu'à sa mort, il évoquerait avec tendresse et émotion le moment où ils s'étaient fondus l'un dans l'autre et que leurs âmes s'étaient parlé...

Eden était bien le Paradis.

— Je t'aime, Cameron.
— Je t'aime, Eden.

Il n'oublierait jamais non plus l'instant où la lampe torche de l'inspecteur de police avait éclairé l'intérieur de la voiture et les corps des deux jeunes amants.

Un vent de panique avait alors soufflé sur la voiture. Ils avaient cherché fébrilement leurs vêtements. Puis ils avaient suivi le policier au commissariat pour y attendre leurs parents.

Le mépris dégoûté qu'affichait Winston Felton en s'approchant de son fils resterait gravé de manière indélébile dans le souvenir de Cameron.

Il était assis sur un banc de bois dur, Eden à l'autre extrémité. Une culpabilité énorme pesait sur ses épaules. Et le chagrin qui déformait les traits de Lila n'avait rien fait pour la diminuer.

Lila et Eden rentrèrent dans la voiture de son père. Winston prit le volan de la camionnette, accompagné de son fils boudeur et obstinément muet. De toute évidence, Winston et Lila étaient convenus d'un plan avant de venir les chercher. Car dès qu'ils entrèrent dans la maison, Lila fit monter sa fille. Pour la première fois de sa vie, Cameron suivit docilement son père dans son bureau.

Là, Winston Felton ne perdit pas de temps pour exprimer son opinion quant à la conduite de son fils.

— Qu'as-tu à dire pour te racheter?
— Rien.

— Tu n'es à la maison que depuis cinq heures! Je suis obligé d'aller te chercher au commissariat parce que tu as été surpris en train de séduire une innocente jeune fille, et tu ne trouves rien à dire!

Comme Cameron gardait le silence, Winston soupira.

— J'espérais que l'université t'apprendrait le sens des responsabilités. Manifestement, je me trompais. Depuis la mort de ta mère, tu collectionnes les frasques. J'ai tout essayé, Dieu m'est témoin, mais ce soir, c'est l'insulte suprême, Cameron. Ton acte est une infamie.

— Tu m'as demandé si j'avais quelque chose à dire. Pour moi, non. Mais pour Eden...

— Je préfère ne pas t'entendre parler de ta sœur, le coupa Winston en baissant les yeux vers les papiers étalés sur son bureau.

Cameron avait déjà vu son père agir de la même manière à la banque avec les clients qu'il désirait éconduire sans autre forme de procès. Ce geste impersonnel, si souvent répété, le fit sortir de ses gonds.

— Bon sang! explosa-t-il. Eden n'est pas ma sœur!

— Ne me chante pas cette chanson, mon garçon. Tu es assez vieux pour aller directement en prison pour viol. Et si tu ne t'amendes pas, c'est exactement ce qui va t'arriver. C'est grâce à la respectabilité du nom des Felton que tu n'es pas derrière les barreaux à l'heure actuelle.

— C'est donc cela! cria Cameron. Tu te

moques bien d'Eden et de moi. Tu ne penses qu'à protéger ton précieux nom!

— Cette fois, Cameron, tu vas trop loin.

Winston Felton dévisagea son fils un long moment. Puis, comme s'il prenait une décision à contre-cœur, il fronça les sourcils et dit :

— Je monte voir Lila et Eden. Attends-moi ici!

Quand Winston revint, vingt minutes plus tard, il avança calmement jusqu'à son bureau, ouvrit un tiroir et en sortit un chéquier.

Choqué, Cameron haussa les épaules avec mépris.

— Tu n'as pas assez d'argent pour acheter mon silence.

Imperturbable, Winston termina d'écrire et referma le chéquier.

— En ai-je assez pour racheter l'honneur d'Eden?

Cameron resta pétrifié. Qu'adviendrait-il de la jeune fille, dans tout ceci?

— Je ne l'abandonnerai pas.

— Me hais-tu donc à ce point?

Cameron regarda son père, comprenant mal le changement subit d'atmosphère.

— Pourquoi dis-tu cela?

— Me hais-tu au point de faire souffrir aussi Eden?

Winston Felton n'était pas devenu à trente ans président directeur général d'une banque pour rien. Il était en train de traiter avec son fils, et il était doué en affaires...

— Si tu restes, je n'aurai aucun moyen d'enrayer les commérages. Et ils seront venimeux, crois-moi. Maintenant, je te repose la question. Veux-tu faire souffrir Eden?

Cameron mit fin à son attente.

— Non, répondit-il, signifiant ainsi qu'il capitulait.

— Alors prends cet argent, et pars. Je m'arrangerai pour que personne ne sache ce qui s'est passé ce soir. Eden aussi.

— Je veux lui parler.

— Non. N'essaie jamais de la revoir.

— Je l'aime, je veux l'épouser. Maintenant. Ce soir, si c'est possible. Nous n'avons pas besoin de ton argent!

Arrachant le chèque des mains de son père, il le déchira en mille morceaux.

— Nous? Tu as l'air bien sûr de toi. Même si Lila permettait à sa fille de te suivre — ce qu'elle ne fera pas, bien sûr — Eden quitte le lycée la semaine prochaine. Son unique ambition dans la vie est d'être médecin. Même avec un travail rémunérateur, tu n'aurais jamais les moyens de lui payer des études.

— Nous y arriverons, continua Cameron en fusillant son père du regard. Je ne partirai que si Eden me le demande.

Winston hocha la tête.

— Très bien. Reste où tu es.

Sur ces mots, il ressortit du bureau. Cameron eut alors un mauvais pressentiment, qui ne fit qu'empirer lorsqu'il vit Eden réapparaître entre son père et sa belle-mère, comme entre deux gardes de prison. Ses mains tremblaient et ses traits étaient ravagés par les larmes. Le désespoir résigné qu'il vit dans ses yeux le déchira.

— Dis-lui, ordonna Winston.

— Je... je veux que tu partes, Cameron, murmura-t-elle, si bas qu'il faillit ne pas entendre.

— Je ne te crois pas. Ils t'ont...

Elle fit un pas vers lui.

— Cameron, dit doucement Lila en posant une main sur l'épaule de sa fille pour l'arrêter. C'est déjà si difficile pour elle... Elle m'a tout raconté. Et elle a honte. Terriblement honte.

— Eden ! s'écria Cameron, avec la sensation terrifiante d'être victime d'un complot. Ne les écoute pas ! Je t'aime ! Je veux t'épouser ! Nous allons partir, et nous ne reviendrons jamais ici !

— Je... c'est impossible, dit-elle dans un sanglot.

Ces mots lui firent l'effet d'un poignard dans le cœur.

— Regarde-moi, Eden. Je travaillerai dur pour que tu puisses étudier la médecine. Je...

— Non ! le coupa-t-elle, au bord de la crise d'hystérie. Je ne veux pas que tu te sacrifies pour moi ! Je ne veux pas...

Cameron la regarda, espérant de toutes ses forces qu'il avait mal entendu.

— Tu ne veux renoncer à rien pour moi, c'est cela ?

— Oui, oui, oui, c'est cela ! explosa-t-elle avant de se jeter, en larmes, dans les bras de sa mère.

Cameron eut l'impression que la vie quittait

son corps. Même aujourd'hui, tant d'années plus tard, il se souvenait encore de la douleur intolérable qui avait été la sienne. A cet instant, il avait haï son père, et durant un millionième de seconde, Eden. S'approchant d'elle, il avait prononcé les paroles les plus méprisables qui lui soient jamais venues au lèvres. Paroles qu'il avait regrettées des millions de fois depuis.

— Tu n'en valais pas la peine...

En moins d'une heure, il avait quitté la ville, sans un regard en arrière dans le rétroviseur. Les derniers mots qu'il avait lancés à son père avaient été : « Tu regretteras ce que tu viens de faire. Et un jour, je reviendrai ».

***

Cameron Felton avait tenu sa promesse. Tout en continuant de regarder la maison, il se demanda quelle teinte aurait pris son retour si Winston avait été en vie. Exigerait-il à nouveau que son fils quitte la ville ?

Le gyrophare d'une voiture de police tira Cameron de ses réflexions.

— Bonsoir, shérif, dit-il avec un sourire glacial mais poli.

L'officier en uniforme le toisa de la tête aux pieds.

— Vous êtes en stationnement interdit.

— Vraiment ? Je vous présente mes excuses. Voulez-vous m'arrêter ?

— Pourquoi pas ? Refuseriez-vous d'obtempérer ? ajouta-t-il en portant la main à son holster.

Dans ses yeux d'un bleu profond, une étrange lueur passa.

— Que se passerait-il dans ce cas ? demanda Cameron.

Les yeux écarquillés, le chauffeur contemplait avec effarement les deux hommes qui se mesuraient du regard. Les épaules de l'officier se détendirent et il sortit un cure-dents de sa poche.

— Dans ce cas, mon garçon, je vous prierais gentiment de quitter le comté.

Chapitre 2

— Ah oui ? demanda Cameron en plissant les yeux. Tout seul, vous avez peu de chances d'y arriver.

Un sourire se dessina sur les lèvres du shérif, parfaite imitation de celui de Cameron.

— Toujours aussi arrogant, ce vaurien ! Auriez-vous oublié que je suis capable de vous infliger une bonne correction d'une seule main ?

— C'est ce que vous prétendez à qui veut bien l'entendre depuis la terminale. Mais souvenez-vous, vous n'y arriviez que lorsque je le voulais bien, Ford.

— Je suppose que la fois où Peggy Marie Willingham a dit qu'elle m'aimait mieux que vous, vous avez « bien voulu » que je vous écrase le nez, Felton ?

Les deux sourires s'élargirent et les deux hommes éclatèrent de rire.

— Comment vas-tu ? demanda Ford en serrant chaleureusement la main de Cameron.

— Bien, Randall. Et toi ?

— Je n'ai pas à me plaindre. Je n'en croyais pas mes oreilles quand j'ai décroché le téléphone, hier soir, et que j'ai entendu ta voix. Je ne t'attendais pas avant demain.

— Changement de dernière minute, expliqua Cameron en administrant une claque retentissante dans le dos de son ami. Tu as l'air en forme.

Le shérif Randall Ford était aussi grand que son ancien camarade d'école. Mais il s'était légèrement empâté. Ses cheveux couleur de sable qu'aucun peigne n'avait jamais pu discipliner ajoutaient au charme qui avait fait de lui la coqueluche de toutes les lycéennes.

Avec les années, Randall et Cameron s'étaient rencontrés accidentellement de temps à autre, la dernière fois remontant à quatre ans. Randall avait été le seul lien de Cameron avec sa ville natale pendant toute la durée de son exil.

— Alors, quelles sont tes premières impressions? La grande ville de McCauley a-t-elle beaucoup changé?

Cameron secoua la tête.

— Non.

Son regard revint sur la vieille demeure et Randall comprit où allaient ses pensées.

— L'as-tu vue?

Cameron répondit tristement par la négative.

— Non.

— Vas-tu aller lui rendre visite?

— Pourquoi?

Randall haussa les épaules.

— Elle saura tôt ou tard que tu es revenu.

Ford posa son pied botté sur le marchepied de la voiture de patrouille.

— As-tu réfléchi à ce qui allait se passer quand tout le monde va apprendre que tu es sur le point de racheter l'affaire de Kirby?

Cameron hocha la tête.

— Un peu.

S'abritant les yeux, Randall jeta un rapide coup d'œil sur les maisons avoisinantes. Plusieurs rideaux retombèrent aussitôt.

— Tu sais comment les habitants des petites villes réagissent au changement, avança Randall.

— Paul Kirby s'est adressé à ma compagnie parce qu'il avait un besoin urgent d'argent. Ce n'est pas moi qui suis venu le chercher.

— Ne m'as-tu pas dit hier au téléphone qu'il ignorait tout de l'identité du propriétaire de cette compagnie? Il était tellement inquiet qu'il ne s'est même pas demandé pourquoi cet établissement lui prêtait aussi volontiers la somme que des centaines d'autres organismes lui avaient refusée. Pourquoi lui as-tu prêté cet argent, Cameron?

— Personnellement, je ne lui ai pas prêté un centime. Mes hommes d'affaires s'en sont occupé.

— La pensée que ce serait un excellent moyen de rendre à Paul la monnaie de sa pièce a tout de même dû t'effleurer. Tu as au demeurant d'excellentes raisons de lui en vouloir.

— Personne, en dehors de toi et moi, ne sait ce qui s'est passé cette nuit-là.

— Je dois reconnaître qu'à ta place, j'aurais du mal à résister à la tentation de me venger.

D'une certaine manière, je me sens coupable. Si je ne t'avais pas dit que j'étais tombé par hasard sur ton dossier tout de suite après mon arrivée au commissariat, tu n'aurais jamais su que c'était Paul qui vous avait dénoncés, Eden et toi.

— Je ne comprends pas pourquoi tu as des remords pour les usines. Il ne s'agit après tout que d'une banale transaction financiaire, comme il s'en conclut tous les jours, dans le monde entier.

— Nous sommes à McCauley, Cameron. Ici, les gens ne veulent rien savoir de la grande ville. Ils sont attachés à la tradition et à la routine. Et ils se battront contre ceux qui veulent transformer leur mode de vie.

— Eh bien pour une fois, ce seront eux les perdants.

— Comme tu voudras. Je t'aurai prévenu.

***

Ainsi, le fils prodigue était revenu...

Eden Scott reposa le combiné et pressa des doigts tremblants contre ses tempes. La vieille Mme Dobson — qui vivait deux maisons plus loin sur Willow Lane — avait utilisé le prétexte d'une légère migraine pour lui annoncer cette nouvelle juteuse.

— Oh Cameron, gémit Eden dans le bureau vide. Pourquoi reviens-tu après tout ce temps ? Juste au moment où j'avais trouvé un semblant de paix !

Eden Scott, maintenant médecin généraliste, essaya de trouver en elle-même suffisamment d'amertume et de colère envers Cameron pour tenir en échec l'angoisse qui commençait à poindre. *Douze années sans même une carte de vœux ou un coup de téléphone...*

Elle recommandait à ses patients de ne pas accumuler de tensions, de s'en débarrasser par n'importe quel moyen, dussent-ils frapper de toutes leurs forces dans un coussin ou hurler dans la campagne déserte. Mais comment s'affranchir de douze ans de tension continuelle? Douze ans d'amour sans espoir pour un homme qui la croyait sans cœur, froide et uniquement préoccupée de réussite sociale?

Chaque fois qu'Eden se rappelait la comédie criante de vérité qu'elle avait jouée ce soir-là, son cœur se serrait. Jamais elle n'avait pu justifier à ses propres yeux le rôle qu'elle avait joué dans l'exil de Cameron. Elle avait aussi essayé de l'oublier. Mais comment peut-on oublier le seul homme que l'on a jamais aimé?

Dès le premier instant où son regard avait croisé celui de Cameron, elle était tombée irrémédiablement amoureuse de lui. Pendant près d'un an après que sa mère ait épousé Winston Felton, Eden avait soupçonné Cameron de ne jamais lui accorder la moindre pensée. Mais un jour, il l'avait regardée, vraiment regardée, pour la première fois. Et pour la première fois de sa vie, elle avait découvert le plaisir de se sentir admirée.

Dès ce matin-là, elle avait passé de longues

nuits d'insomnie à se demander à quoi ressembleraient ses baisers, ses caresses. Des images délirantes passaient sans cesse devant ses yeux et ses rêves étaient loin d'être ceux d'une jeune fille bien élevée. Malgré cela, elle n'avait jamais éprouvé aucune honte. Comment un sentiment d'une telle pureté, d'une telle force, pouvait-il être coupable ? Comment aimer quelqu'un pouvait-il être mal ?

La première fois qu'il l'embrassa, au milieu d'une flaque de lumière lunaire, elle comprit qu'il l'aimait et la désirait aussi fort qu'elle. Après ce baiser, elle ne le revit pas pendant près de deux mois. Qu'il l'ait trouvée en compagnie de Paul Kirby le soir de son retour n'était pas une coïncidence. Ce rendez-vous, organisé par Winston Felton et sa mère, avait confirmé les soupçons d'Eden : leurs parents avaient flairé quelque chose.

Lorsque, contre toute attente, Cameron les avait rejoints à la pizzeria, elle avait cru que son cœur allait exploser de joie. Les trois heures qui avaient suivi avaient été à la fois les plus heureuses et les plus dramatiques de son existence. Durant ce court laps de temps, elle et Cameron avaient tissé des liens étroits et magiques. Trop beaux. Trop brefs. Avant de connaître une séparation cruelle. Trop laide. Trop douloureuse.

Eden n'oublierait jamais l'instant où la lampe torche du lieutenant de police avait violé leurs corps enlacés. Dans sa mémoire resterait à jamais gravée l'expression de sa mère venue la chercher au commissariat. De retour dans sa petite chambre rose et blanche, elle s'était jetée dans les bras de Lila en sanglotant et en la suppliant de comprendre. Et entre les caresses apaisantes de Lila, Eden avait appris combien sa mère comprenait...

Cameron était parti en croyant qu'elle ne l'aimait pas suffisamment pour le suivre. Et elle n'avait pas pu lui dire la vérité. Elle n'avait pas pu lui crier son angoisse, comme elle l'avait fait dans ses cauchemars durant des mois, après son départ. Elle n'avait pu se jeter dans ses bras pour lui répéter l'histoire que Winston et sa mère lui avaient révélée et à cause de laquelle elle avait été obligée de choisir entre Cameron et sa famille.

Elle s'était souvent répétée que Cameron n'aurait de toute façon pas compris, même s'il avait lui aussi entendu ce récit tragique.

Lila et Winston avaient fait appel à sa loyauté et à son sens des responsabilités pour éveiller en elle une profonde culpabilité. Tout le monde avait beaucoup souffert, cette nuit-là, mais surtout Cameron. Eden n'oublierait jamais son regard quand il lui avait lancé, l'amertume déformant ses lèvres : « Tu n'en valais pas la peine »...

Mais ces événements remontaient à une douzaine d'années. Et elle était certaine que Cameron n'était pas en ville pour la revoir. Ils avaient changé, le monde aussi avait changé. Excepté à McCauley dans le Texas.

Cameron était devenu un magnat de l'industrie. Eden avait eu régulièrement dans les journaux et les magazines des nouvelles de celui que *Newsweek* et le *Wall Street Journal* appelaient le « nabab ». Sa vocation première était le rachat de compagnies en banqueroute. Il les remaniait, effectuait une grande purge parmi le personnel, et revendait le tout avec un joli bénéfice. Tous les articles qu'elle avait lus à son sujet mentionnaient que la plupart de ces compagnies avait dû payer le prix fort pour être sauvée.

L'interphone sonna, interrompant le cours de ses pensées.

— Oui Carly ? répondit-elle.

— Mme Roundtree vient pour sa piqûre.

Eden soupira. Martha Roundtree était sa dernière cliente de la journée. Martha trouvait toujours de bonnes excuses pour qu'Eden la reçoive, même si Carly, infirmière diplômée, était parfaitement capable de s'occuper d'elle. En temps ordinaire, Eden s'en moquait. Mais aujourd'hui, elle ne se sentait pas le courage d'affronter les jérémiades de Martha, une hypocondriaque notoire.

— Carly, je viens de me rappeler que j'ai promis aux Thompson de passer voir la cheville de leur garçon. Pouvez-vous dire à Martha que je la recevrai la semaine prochaine ?

— Bien sûr, docteur. Passez une bonne soirée et à demain.

— A demain, Carly.

D'un tiroir, Eden sortit un exemplaire des *Aventures de Tom Sawyer*. Ce classique aiderait

Josh Thompson à mieux supporter son immobilisation forcée à cause de son plâtre. En le rangeant dans son sac, Eden s'aperçut que ses mains tremblaient. Ce livre, la visite qu'elle s'apprêtait à rendre aux Thompson, appartenaient à la vie bien ordonnée qu'elle s'était forgée. Une vie sans complications qui lui avait coûté des années de travail. Une vie sans Cameron Felton.

Jusqu'à chez elle, Eden essaya bien de se répéter qu'elle se souciait peu du retour de Cameron. Mais Mme Dobson l'avait prévenue qu'il s'était longuement arrêté devant la maison de Willow Lane. Elle avait beau se dire qu'il serait probablement reparti à son arrivée, elle n'en brûla pas moins deux feux rouges successifs. Sa hâte la laissait perplexe. Désirait-elle vraiment une confrontation avec Cameron?

Elle tourna au coin de la rue au moment où la voiture blanche et noire du shérif repartait vers le commissariat. De surprise, son pied glissa de l'accélérateur en apercevant la limousine noire encore garée à quelques mètres de chez elle. Droite comme un *i*, la tête haute, elle entra dans son jardin et ne s'arrêta que devant la porte du garage.

Descendue de voiture, elle hésita un instant à entrer dans la maison par la porte de la cuisine, à l'arrière. Pendant quelques secondes, elle ne sut quel parti adopter. Si elle passait par l'avant et qu'il était parti? Et s'il était encore là?

Tergiverser n'était pas dans les habitudes

d'Eden. Claquant sa portière de voiture, elle remonta vers la véranda qui courait sur la façade et les côtés de la maison.

Il attendait, les bras croisés sur la poitrine, nonchalamment appuyé contre le capot immaculé de la limousine. Et ses yeux dont elle n'oublierait jamais la couleur mordorée suivaient chacun de ses mouvements.

*
**

Le cœur de Cameron battait à tout rompre. Il aurait dû partir quand il était encore temps. Mais il faudrait tôt ou tard qu'il la voie et qu'il lui parle. Alors pourquoi pas maintenant ? Il eut l'impression que son cœur s'arrêtait quand il la vit contourner la maison et tourner les yeux dans sa direction.

*
**

Une sensation de vertige s'empara d'Eden. Son cœur cognait contre sa poitrine, et le sang battait dans ses veines. Pétrifiée, elle regarda s'avancer vers elle le seul homme qu'elle ait jamais aimé. Comme il approchait, elle pinça les lèvres pour ne pas crier son nom.

Prisonnière d'un conte de fées, elle avait souvent espéré que les souvenirs de ses cheveux noirs et de ses yeux verts étaient embellis par son imagination.

Ils ne l'étaient pas...

Elle avait longtemps cru qu'aucun homme ne

pouvait être aussi beau et séduisant que celui qu'elle chérissait en secret depuis douze ans.

Il l'était plus encore...

Tandis que Cameron s'appliquait à marcher posément vers Eden, il se répéta vingt différentes manières d'engager la conversation. Mais son esprit était entièrement accaparé par la vision d'Eden, sortie tout droit d'un songe.

Dieu devait posséder une palette de couleurs qu'Il n'utilisait que pour parer certaines femmes destinées à mettre à l'épreuve les plus courageux des hommes. Eden avait un teint semblable au velours des pêches de Géorgie, des cheveux couleur de l'ambre si brillants qu'à côté d'eux, l'or des Incas paraissait terne, et des yeux verts taillés dans une émeraude de Colombie. Et ce corps!

Pour aussi vivaces que fussent ses souvenirs, ils étaient bien pâles en comparaison de la réalité vivante de celle qui avait montré si peu de cœur à son encontre. De toutes ses forces, il essaya de se rappeler qu'elle avait autrefois mis son âme à nu, puis qu'elle l'avait laissée flétrir et mourir...

Il s'arrêta à quelques pas d'elle et inclina la tête de côté.

— Bonsoir, Eden.

— Bonsoir, Cameron, murmura-t-elle. Sois le bienvenu chez toi...

Il marqua un bref instant de surprise, puis plissa les yeux.

— Comment vas-tu?

— Bien.

Elle remarqua que les rides autour de ses yeux conféraient à son visage une certaine dignité, mais leur expression était triste.

— Tu es médecin, maintenant, remarqua-t-il.

— Oui.

— Félicitations.

Il détourna les yeux, torturé par les pensées les plus inopportunes. Ses lèvres auraient-elles le même goût qu'autrefois ? Elle avait l'air aussi inconsciente de sa beauté que l'adolescente qu'il avait aimée. Ou cela aussi, était-ce un mensonge ?

Il enfonça les mains dans les poches de son pantalon en crispant les poings, et indiqua la maison du menton.

— Tu as bien entretenu la propriété.

— Merci. Je regrette seulement de ne pas avoir assez de temps à consacrer au jardin. Je ne m'attendais pas à te revoir, enchaîna-t-elle aussitôt. Pourquoi es-tu revenu ?

Elle avait parlé doucement, allant droit au but, comme à son habitude.

— Toujours aussi directe, Eden. Tu n'as pas changé.

— Toi, si.

— Je suppose. C'est le temps. Le temps et... l'adversité.

Elle ferma les yeux. Pendant un bref instant, elle avait aperçu le Cameron dont elle était tombée éperdument amoureuse, treize ans plus tôt. Mais ce Cameron n'existait plus, et à sa place, il y avait cet homme mûr qu'elle ne connaissait pas.

— Pourquoi es-tu revenu, Cameron?
— Pour de nombreuses raisons.
— Cite m'en deux.
— Je retire ce que j'ai dit. Tu as changé. Tu es encore plus directe qu'auparavant.
— C'est le temps aussi, sans doute.
Cameron eut un imperceptible sourire.
— J'ai quelques affaires à régler, à Dallas, répondit-il enfin. Disons que je passais dans la région.
Eden ne se faisait aucune illusion: il n'était pas revenu pour raviver une flamme éteinte. Non, si elle devait à tout prix trouver une explication à sa présence, elle pencherait plutôt pour la vengeance.
Un frisson la parcourut. Cameron l'observait étroitement. Pour se protéger, Eden se retrancha derrière l'attitude détachée qu'elle devait souvent afficher dans sa profession.
— C'est drôle, McCauley est bien le dernier endroit où j'aurais pensé te revoir. Sachant que...
— Sachant ce que nous sommes l'un pour l'autre? la coupa-t-il. Est-ce ce que tu étais sur le point de dire, Eden?
Il venait de marquer un point. Seulement au prix d'un immense effort de volonté, elle étouffa l'exclamation de surprise qui lui montait aux lèvres.
— Apparemment, tu as aussi appris à dire tout ce qui te passait par la tête, remarqua-t-elle.
— J'ai en effet appris beaucoup de choses depuis que j'ai quitté McCauley.

Chacun de ses mots la transperçait comme un poignard. Il devenait de plus en plus clair que Cameron n'avait pas l'intention de laisser leurs retrouvailles se teinter de la moindre nostalgie. Levant le menton, elle le défia du regard.

— Tu n'aurais pas dû venir réveiller le passé, Cameron.

— Je n'ai pas pu résister.

Pourquoi diable ne réussissait-il pas à la haïr ? Ce n'était pourtant pas faute d'essayer...

— Il n'y a rien pour toi ici, Cameron.

— Tu te trompes.

— Va-t'en.

— Je ne peux plus.

— Pourquoi ? demanda-t-elle d'une voix presque inaudible.

— Parce que demain, je serai le propriétaire officiel des usines Kirby.

Chapitre 3

— Tu... tu ne parles pas sérieusement, bredouilla Eden.

Il franchit la faible distance qui les séparait encore.

— Si.

— Mais... cette usine appartient à la famille Kirby depuis trois générations.

— Jusqu'à demain.

— J'ignorais que Paul avait l'intention de vendre. Et à toi...

— Il ne s'agit pas tout à fait d'une vente. Plus d'une passation de pouvoir. Kirby ne sait même pas que je joue un rôle dans l'affaire. Notre organisation financière rachète les emprunts de sociétés en difficulté.

— Mais toi, tu savais ce que tu faisais, n'est-ce pas ?

— Je n'achète jamais pour des raisons sentimentales, si c'est ce que tu insinues. En cela, ton ami Kirby n'est pas une exception.

Il avait prononcé ces mots d'un ton glacial qui la fit frissonner. Avait-elle décelé une trace de jalousie dans sa voix ? Quoi qu'il en soit, elle préférait écourter cette entrevue qui devenait embarrassante de seconde en seconde.

— Je t'ai demandé de partir, Cameron, répéta-t-elle. Il n'y a rien pour toi ici, je te le répète.

— Tu aimerais bien me voir tranquillement disparaître, n'est-ce pas?

— Oui.

— Alors je suis désolé.

— J'en doute.

Il haussa les épaules et Eden eut soudain réellement peur. Allait-il mettre son projet à exécution? Dans moins de vingt-quatre heures, il allait tenir le sort de la ville de McCauley entre ses mains. S'était-il offert l'usine Kirby dans l'intention de... de la fermer?

— J'espère que tu es conscient de beaucoup de choses, Cameron.

— Par exemple?

— Par exemple, que la majorité des gens d'ici dépendent de cette usine pour vivre.

— Qu'essaies-tu de me dire, Eden?

— Et toi, qu'essaies-tu de prouver? Que veux-tu? Te venger?

Sa question était judicieuse. Il se posait la même depuis une demi-heure environ. Il ne pouvait lui raconter comment il avait saisi l'occasion de racheter l'emprunt des Kirby avec une hâte inaccoutumée pour l'homme d'affaires méticuleux qu'il était. Etait-il possible qu'il ait inconsciemment recherché une compensation pour le sort tragique auquel l'avait voué la trahison de Paul Kirby douze ans plus tôt?

— Je ne sais pas... répondit-il avec sincérité.

— Est-ce une manière polie de me prier de m'occuper de mes affaires ?

— En affaires, je ne suis jamais poli, Eden.

Elle n'avait aucun mal à le croire.

— As-tu pensé un seul instant au mal que tu allais faire à ces gens, Cameron ? A leurs vies, à leurs sentiments ?

— Tes amis n'auront à se plaindre de rien.

— Ce sont les tiens aussi, Cameron. Tu es né ici. Tu connais cette ville et ses habitants aussi bien que moi.

— Que crains-tu donc ? Je ne suis pas ici pour détruire quoi que ce soit, se défendit-il.

— J'ai beaucoup de mal à te croire. Je ne peux pas te laisser faire, Cameron, ajouta-t-elle, ses yeux émeraude flamboyant dans la lumière du soir.

— Je ne suis pas ici pour me battre, Eden.

— Alors vends ce morceau de papier à quelqu'un qui n'a aucun grief contre les gens de McCauley.

— Rien ne te fera donc démordre que je suis ici pour me venger ?

— Pour quelle autre raison serais-tu revenu ?

Il plongea les yeux dans les siens, et Eden sentit fugitivement en lui une profonde tristesse.

— Oui, quelle autre raison ? répéta-t-il.

Sans un regard en arrière, Cameron repartit en direction de la limousine. Le chauffeur lui ouvrit la portière avec empressement. Une minute plus tard, la luxueuse voiture noire descendait sans bruit dans la rue et disparaissait au coin.

Avec des gestes d'automate, Eden ramassa le courrier dans la boîte aux lettres et entra. Elle pénétrait dans la cuisine lorsqu'elle s'aperçut que des larmes inondaient ses joues.

— Maudit sois-tu, Cameron Felton! sanglota-t-elle.

Elle posa soigneusement son sac et sa trousse d'examen sur une table ancienne près de la porte du salon, avec l'impression que son cœur allait se briser en mille morceaux.

Rageusement, elle essuya une larme. Seule une femme anormalement romantique et sans deux sous de bon sens pouvait avoir attendu ces douze années un homme qui la trouvait... Eden se figea, et se tourna vers le grand miroir ovale accroché à la cloison.

Il reflétait l'image d'une femme qui avait acquis le respect de ses concitoyens par son travail et son courage. Eden était un excellent médecin. Mais elle était aussi une femme, avec un cœur et des sentiments de femme. Elle prenait soudain conscience que malgré son degré élevé de culture et de maturité, une partie d'elle-même n'avait jamais abandonné son rêve d'adolescente. Pendant des années, elle avait attendu le retour de Cameron Felton.

Eh bien il était revenu, mais pas pour l'amour d'Eden Scott.

Un dernier sanglot résonna dans le silence avant qu'elle décroche le téléphone. Les doigts tremblants, elle composa un numéro.

— Paul ? C'est Eden. Il faut que je te parle. Puis-je venir tout de suite ?...

Moins de deux minutes plus tard, elle se dirigeait vers l'usine Kirby, la plus importante source de revenus des habitants de la région. Autrefois prospère et réputée dans le monde entier pour son verre d'ornement, elle avait dû se convertir pendant la guerre. Après l'armistice, les néons et les tubes cathodiques étant plus demandés que les vases ou les figurines décoratives, l'usine Kirby s'était spécialisée dans ces articles.

L'avènement inattendu de la micropuce au début des années 70 avait failli détruire la seule industrie de McCauley. Sans la présence d'esprit de Thomas Kirby — qui avait alors décidé de revenir à la manufacture d'objets décoratifs de luxe, la région aurait connu le plus fort taux de chômage depuis bien des décennies. Il va sans dire que le nom de Kirby était respecté et même vénéré dans la région, presque autant que celui de Felton.

Eden gara sa voiture au parking et se dirigea d'un pas vif vers les bureaux. Dès qu'il l'aperçut, un large sourire éclaira le visage de Paul Kirby.

— Tu es le rayon de soleil de ma journée, s'exclama-t-il en s'inclinant exagérément devant elle. Entre donc.

Sans lui rendre son sourire, Eden alla s'asseoir directement dans un fauteuil, sous l'œil interloqué de Paul.

— Tu as l'air bien pressée ! s'étonna-t-il. Tu n'as même pas le temps de m'embrasser ?

Par jeu, il se pencha vers elle et encadra son visage de ses mains. Eden réagit avec violence.

— Paul ! protesta-t-elle en le repoussant brutalement. Je n'ai aucune envie de plaisanter.

— Et pourquoi, si je puis me permettre de poser cette question indiscrète à notre éminent docteur ? demanda Paul, piqué au vif.

Il prit place dans le deuxième fauteuil en cuir, à côté d'une table basse sur laquelle étaient posés une carafe de whisky et un verre entamé.

— Que puis-je faire pour vous, jolie dame ? Si vous m'épousiez, pour commencer ?

Les insinuations répétées de Paul à ce sujet n'amusaient plus Eden depuis longtemps. Elle leva brièvement les yeux au ciel. Et même si elle éprouvait plus de pitié que d'amitié pour cet homme, aujourd'hui elle n'avait pas le temps de repousser poliment ses avances.

— Paul, as-tu joué au casino, récemment ?

— Allons, tu sais bien que j'ai renoncé au jeu et aux courses, rien que pour toi.

Il souriait, la main sur le cœur, comme les petits garçons pris en faute le font toujours pour attendrir leur mère.

— N'essaie pas de me berner, Paul. Tu as encore dépensé des sommes inconsidérées. Et tu es endetté jusqu'au cou !

Exaspérée, elle abattit rageusement la main sur le bureau.

— Pourquoi ne m'as-tu pas dit que tu avais des difficultés financières à l'usine ? Et pourquoi n'as-tu dit à personne que tu avais hypothéqué la société ?

— Qui t'a appris cela?
— Cameron Felton.
Pendant quelques secondes, Paul garda la bouche ouverte de stupéfaction. Puis il secoua la tête, incapable de retrouver l'usage de la parole.
— En quoi est-il concerné?
— Paul...
Ignorant Eden, il se versa deux doigts de Bourbon.
— Il paraît en effet que ce rénégat est revenu. Si je tenais l'idiot qui lui a parlé de ma dette!
— Paul, as-tu emprunté de l'argent, oui ou non?
— Pardon? Oh oui, à la compagnie financière Pacific International. Mais... qui t'a dit tout cela?
Dans un seau argenté, il prit trois cubes de glace.
— Je te sers quelque chose, Eden?
— Paul!
Tournant vivement la tête vers elle, il la dévisagea les sourcils froncés.
— Qu'y a-t-il?
— Tu ne m'écoutes pas. J'essaie de te dire que lorsque l'échéance de ton emprunt est arrivée à terme, et que tu n'as pas pu honorer ta dette, c'est Cameron Felton qui a payé à ta place. Cameron Felton dirige la Pacific International. Cameron Felton est maintenant propriétaire des usines Kirby.
Blanc comme un linge, Paul reposa son verre sur le bureau.

— Bon sang!

Avec l'air d'un dément, il se pencha vers Eden.

— Je ne me laisserai pas faire, crois-moi!

— Et comment comptes-tu l'en empêcher?

A ces mots, Paul perdit de sa faconde et se mit à transpirer. Il vida son verre d'un trait et s'en versa aussitôt un autre.

— Je ne comprends pas, dit Eden en secouant la tête. Si tu as l'argent, pourquoi n'as-tu pas remboursé cet emprunt pendant qu'il était encore temps?

— Je... je n'avais pas vraiment cet argent. Mais je l'aurai avant demain, ajouta-t-il vivement. Tu ne penses tout de même pas que je vais me laisser exproprier sans réagir?

— Paul, je crois que tu te berces d'illusions.

— N'aie crainte, rétorqua-t-il, plus par bravade que par conviction. Le jour où je laisserai Cameron Felton me jouer ce vilain tour n'est pas encore levé. J'ai des amis, des relations, ils m'aideront.

— Des joueurs, eux aussi, dit Eden en regardant avec commisération l'homme pathétique qui se rengorgeait devant elle. Dis-moi, Paul. Quand tu jetais ton argent par les fenêtres, pensais-tu aux gens de McCauley qui avaient besoin de pain pour survivre et d'un toit sur leurs têtes?

Paul n'était pas encore assez ivre pour ignorer le sens de sa question. Honteux, il baissa la tête.

— Tu... tu ne diras rien à personne, promis?

— Avant demain matin, toute la ville le saura, je n'y peux rien, tu le sais bien, soupira-t-elle. Il faut te rendre à l'évidence, Paul. Les usines appartiennent à Cameron, désormais.

— L'infâme personnage ! C'est à se demander s'il ne cherche pas à se venger !

— Quelle raison aurait-il de vouloir se venger ?

Kirby rougit légèrement.

— Hum... aucune. Je voulais simplement dire qu'il ne m'avait jamais aimé. A-t-il beaucoup changé ?

— C'était encore un enfant, quand il est parti. Bien sûr qu'il a changé.

— Tu sais ce que je veux dire, Eden.

La jeune femme ferma les yeux. Le visage de Cameron, sa beauté sculpturale, surgirent sur l'écran de ses paupières. Cameron avait-il toujours ces yeux magnifiques, ces cheveux de jais indisciplinés, ce sourire enchanteur et cette voix rauque et sensuelle ? Avait-il encore le pouvoir d'accélérer les battements de son cœur ? La réponse était oui, sans conteste.

— Non, je ne sais pas ce que tu veux dire, répondit-elle enfin. Il est plus âgé, plus riche. Si tu veux savoir si son caractère s'est adouci avec les années, je peux te répondre sans hésitation que non.

— A ton avis, pourquoi a-t-il racheté ma dette ? Qu'est-ce qui a bien pu inciter Felton à revenir dans une ville qu'il hait ? T'en a-t-il parlé ?

Elle secoua la tête.

— Non, mais il m'a donné l'impression que ce rachat n'était qu'une affaire de routine pour lui.

— A-t-il parlé de moi?

— Non.

— Il ne t'a pas donné d'autre raison de racheter nos usines?

— Quelle autre raison aurait-il pu me donner? demanda Eden, les sourcils froncés.

Paul s'éclaircit la gorge, mal à l'aise.

— Oui, c'est vrai. De quoi avez-vous parlé, tous les deux? Je n'ai jamais compris pourquoi il était reparti aussi vite, il y a douze ans. Que s'était-il passé?

Cela ne te regarde pas, aurait-elle voulu répondre. Mais elle haussa les épaules avec nonchalance.

— Pourquoi t'intéresses-tu soudain au passé, Paul?

— Il vient de me voler la seule chose qui avait une quelconque signification dans ma vie, répondit-il avec amertume.

— Cameron ne t'a rien « volé ». Tu lui as pratiquement apporté les usines Kirby sur un plateau d'argent.

Paul contourna le bureau massif et posa la main sur l'épaule d'Eden.

— J'ai fait un beau gâchis, n'est-ce pas?

Nous sommes tous responsables, Paul, songea-t-elle en son for intérieur.

— Si nous étions les seuls en cause, cela n'aurait aucune importance, répondit-elle.

Sans crier gare, Paul lui prit soudain la main et la porta à ses lèvres.

— Si seulement il n'y avait que toi et moi, en effet, murmura-t-il. Je t'aime depuis longtemps, Eden. Je te désire, aussi, ajouta-t-il en glissant la main sur son cou.

— Paul, arrête, se défendit-elle en s'écartant.

— Tout ceci ne serait jamais arrivé si tu m'avais épousé, comme je le souhaitais. Je ne me serais pas intéressé au jeu, ni aux courses. Nous aurions été heureux. Nous pouvons encore l'être.

Eden écarquilla les yeux de surprise. Jamais Paul n'avait été aussi direct avec elle. Elle essaya de se dégager, mais il la retint prisonnière en la saisissant juste à la naissance du cou. Eden ravala la peur qui lui nouait la gorge.

— Nous sommes amis, Paul. Rien de plus.

— Parce que tu ne m'aimes pas.

Eden desserra les doigts de Paul avant de répondre.

— Non.

— Et lui, l'aimais-tu?

— Qui?

— Felton!

Cette question la prit totalement au dépourvu.

— Pourquoi penses-tu cela?

— Dans le temps, c'était un bourreau des cœurs et tu vivais dans la même maison que lui. A propos de quoi s'est-il disputé avec son père?

— Je ne m'en souviens pas, mentit Eden. Il fallait peu de chose pour mettre le feu aux poudres, entre Winston et lui.

Lasse de l'interrogatoire que lui faisait subir

Paul, Eden se leva et se dirigea vers la porte. Leurs adieux furent brefs et elle ressortit du bureau avec un goût amer dans la bouche.

Dès qu'il fut seul, Paul se rua sur le téléphone et composa un numéro.

— Ed? Paul Kirby à l'appareil. Je suis en difficulté, et j'ai besoin de votre aide.

— Je vous écoute, répondit Ed Blackwell, le maire de McCauley.

Ne sachant comment commencer, Paul griffonna quelques arabesques sur un morceau de papier avant de se lancer.

— J'ai vendu l'usine, Ed. A mon corps défendant, je vous l'assure, mais je n'ai pas pu faire autrement.

— Franchement, Paul, je suis désolé d'apprendre que vous vous êtes séparé de la firme de votre grand-père.

— Ce n'est pas tout. Je viens d'apprendre que l'homme qui l'a rachetée n'est autre que Cameron Felton.

— Le fils de Winston?

— Oui. Maintenant, il est de retour pour régner en seigneur et maître sur la ville.

— Felton est un de nos concitoyens, Paul. Vous ne pouvez que vous réjouir que les usines soient entre ses mains.

— Ed, cet homme n'a pas de cœur. Il hait cette ville et ses habitants.

— Allons, Kirby, je crois que vous exagérez. Il doit être devenu raisonnable, maintenant.

— Ecoutez, Ed, cet homme est un vautour. Je vous assure qu'il ne nous attirera que des ennuis. Il faut que nous nous regroupions pour lui exprimer solidairement que nous ne voulons pas de lui ici.

Deux heures plus tard, alors que le soleil de juin prenait les douces teintes orange du soir, quelqu'un frappa à la porte de la demeure des Felton, troublant le silence. Allant ouvrir, Eden trouva le conseil municipal au complet sur le seuil. A l'anxiété qui se peignait sur leurs visages, elle se demanda si un désastre n'était pas arrivé en ville.

— Docteur Scott, commença le maire avec raideur. Paul nous a tout raconté.

Le maire gonfla la poitrine avant de poursuivre.

— Il a montré beaucoup de courage pour avouer ses difficultés et nous demander de l'aide.

Eden se tourna vers Paul, nullement impressionnée par son attitude humble. A cet instant, elle eut envie de l'étrangler pour lui faire ravaler son hypocrisie. Elle était prête à parier qu'il n'avait révélé qu'une partie de la vérité.

— Le conseil estime, étant donné les circonstances, qu'en intercédant auprès de votre frère, vous seriez plus efficace qu'une lettre de la mairie.

— Attendez une minute! s'écria Eden en levant la main. Cameron Felton n'est pas mon frère, ni mon demi-frère.

— Mais votre mère et Winston...

— ... étaient mariés. Ce qui ne signifie nullement que Cameron et moi avons le moindre lien de parenté. Maintenant, dois-je conclure, messieurs, que vous êtes venus me demander de plaider votre cause auprès de lui?

Cinq paires d'yeux la dévisagèrent, mais aucun d'eux ne parla.

— Incroyable, dit-elle, sincèrement étonnée, en se tournant vers Paul.

— J'ai essayé de les en dissuader, dit-il avec un haussement d'épaules.

— Mais nous pensions... reprit Blackwell.

— Eh bien vous vous êtes trompés, le coupa-t-elle.

— Nous savons que c'est beaucoup vous demander, mais pensez aux habitants de McCauley.

— J'ai déjà parlé de tout cela avec Cameron.

— S'est-il montré déraisonnable ?

— Non.

— Vous voyez bien qu'il faut essayer!

Eden soupira. Comment leur faire comprendre que rien ni personne n'aurait jamais la moindre influence sur Cameron?

— Ne me disais-tu pas, il y a deux semaines que tu faisais de plus en plus souvent crédit à tes patients? intervint Paul.

— C'est vrai, mais...

— Il faut du travail à ces gens. La ville a besoin de l'usine, insista le maire.

Eden le fusilla du regard.

— Croyez-vous que je n'en suis pas consciente? Je vous dis seulement que vous perdez votre temps en essayant de dissuader Cameron Felton de mettre son projet à exécution.

— Autrement dit, vous refusez de lui parler.

Le dépit de Blackwell était évident.

— Je suis désolée, monsieur le maire...

Après leur départ, Eden resta longtemps dans le salon, plongée dans de sombres réflexions. Comment la vie avait-elle pu se compliquer autant en quelques heures ? Elle revit en pensée les regards suppliants des membres du conseil municipal. Elle aimait ces gens, ces visages ridés par le travail et le don de soi.

Qu'adviendrait-il de son propre rêve de création d'une clinique pour enfants si l'économie de McCauley était menacée par la fermeture éventuelle des usines Kirby ?

Plus tard, elle se fit d'amers reproches. N'avait-elle pas été un peu brutale avec les membres du conseil ? Après tout, si elle allait trouver Cameron, il accepterait peut-être de l'écouter. Pourrait-elle le convaincre d'oublier le passé ?

En son âme et conscience, elle savait qu'il existait une arme infaillible pour ôter à Cameron le goût de la vengeance, et sauver la ville de la pauvreté et du chômage.

La vérité.

***

Le Motel de la Villa Capri aurait eu bien besoin d'une couche de peinture, comme beaucoup de bâtisses de McCauley. Il évoquait à Cameron une vieille star de cinéma, ayant connu l'âge d'or, puis la décadence.

Pendant un instant, Eden resta immobile dans sa voiture garée dans le parking.

Pourquoi avait-elle décidé de venir? Pour plaider la cause de la ville ou pour elle-même?

Elle laissa échapper un profond soupir.

Ayant longuement fixé la porte du bungalow, elle s'avoua enfin la raison qui l'avait attirée jusque là ce soir. Elle devait à Cameron des explications. Peut-être avait-elle besoin de se purger de douze années de culpabilité. Ou de réparer ses torts.

En tout cas, elle ne pourrait pas tergiverser éternellement dans cette voiture. Le moment était venu de l'affronter et de lui dire pourquoi elle l'avait trahi la nuit où il avait fait d'elle une femme.

Tout va s'arranger, se dit-elle en descendant de voiture avant de se diriger vers le bungalow éclairé. Mais dans le cas contraire? lui souffla une petite voix. Cameron n'avait aucune raison de tenir la ville de McCauley en haute estime, encore moins Eden Scott. Et s'il refusait tout bonnement de lui accorder ce qu'elle allait lui demander?

Son courage flancha à quelques mètres de la porte. Jetant un coup d'œil inquiet sur sa tenue, elle regretta soudain d'avoir choisi cette robe élégante et souple dont le but était trop évidemment de séduire le regard de Cameron. Pourquoi avait-elle pris un tel soin à sa toilette? Pourquoi n'avait-elle pas gardé le jean et le chemisier de coton qu'elle portait pour recevoir la délégation de la mairie?

Quelques secondes plus tard, elle frappa. Elle aurait donné tout ce qu'elle possédait pour ne pas être sur le seuil de cette chambre de motel, à la merci de Cameron. Au moment où elle était tentée de rebrousser chemin, la porte s'ouvrit.

La même stupéfaction se peignit sur leurs traits. Lui n'en croyait pas ses yeux : Eden à sa porte ! Quant à Eden, elle n'osait croire qu'il était devant elle avec pour tout vêtement un peu de mousse à raser et une serviette autour des hanches.

Une minuscule serviette...

Chapitre 4

— Eden!

— Je...

Manifestement, il était en train de prendre une douche au moment où elle avait frappé. Hypnotisée, elle ne pouvait détacher les yeux des gouttes d'eau qui ruisselaient doucement dans la toison brune de sa poitrine. Elle ne releva la tête que lorsque son regard rencontra le tissu éponge de la serviette que Cameron serrait d'une main. Alors, clignant des yeux, elle parut sortir d'une transe.

— Excuse-moi, dirent-ils à l'unisson.

Comme s'il se réveillait soudain lui aussi, il alla enfiler un peignoir et revint à la porte.

— Puis-je... puis-je entrer? parvint-elle enfin à articuler.

Comme il s'effaçait pour la laisser passer, elle inspira l'odeur fraîche de son savon au santal, et fut saisie d'un vertige délicieux.

La chambre n'était guère plus grande qu'un mouchoir de poche. Un dessus-de-lit en chenille passé avec l'âge recouvrait le lit double. La luxueuse valise posée au pied du lit n'avait pas du tout sa place dans ce décor désuet et étriqué. Sous la fenêtre, un bureau bancal à tiroir unique semblait défier les lois de la pesanteur. Un fauteuil recouvert de skai occupait un coin de la pièce.

Ce cadre n'était pas l'environnement rêvé pour la conversation qu'elle souhaitait avoir avec Cameron.

— Veux-tu boire quelque chose?

Au son de sa voix, elle sursauta et s'éclaircit la gorge.

— Non merci.

Pendant qu'elle examinait la pièce, il s'était habillé dans la salle de bains et portait maintenant un pantalon de velours côtelé caramel et une chemise bleu pétrole qu'il était en train de boutonner. Un point de mousse à raser avait échappé à sa vigilance et elle se retint de l'ôter du bout du doigt.

Fascinée, elle le suivit des yeux tandis qu'il se dirigeait vers le bureau et se versait à boire. Se retournant vers elle, il porta son verre à ses lèvres. Quant il l'eut reposé, il la toisa sans aménité.

— Pourquoi es-tu venue?

— Pour t'expliquer...

— Es-tu envoyée par le conseil municipal pour m'interroger?

— Non.

— Tu veux dire que la ville a appris sans réagir la nouvelle de mon arrivée et du rachat des usines Kirby?

— Pas exactement. Tout le monde est inquiet, Cameron.

— Tu viens donc bien en émissaire pour me prier de me souvenir de mon enfance heureuse dans cette ville, peut-être même pour me demander de repartir. Pensaient-ils que la belle doctoresse serait plus éloquente qu'eux... ou plus persuasive?

Une colère prudemment rentrée tendait tous les muscles du corps d'Eden. Elle essaya d'avaler, mais elle avait la gorge sèche comme un parchemin.

— Cameron, envisages-tu éventuellement de fermer l'usine? parvint-elle à articuler.

— Oui.

Elle ferma les yeux et expira lentement.

— Quand?

— Peut-être jamais.

Elle rouvrit les paupières.

— Peut-être la semaine prochaine, ou le mois prochain... continua-t-il.

— Tout ceci n'est qu'un jeu pour toi, n'est-ce pas? lança-t-elle, réfrénant difficilement son indignation.

— Tu ne comprends pas, Eden. Je ne projette pas de fermer l'usine, mais ceci ne veut pas dire qu'avec le temps, la nécessité ne s'en fera pas sentir. Les entreprises, comme les gens, vieillissent. Parfois, il est inutile d'essayer de les prolonger.

— Sais-tu qu'en fermant les portes de cette usine, tu anéantis l'espoir de tous ceux qui y travaillent?

— Je te répète qu'aucune décision n'est encore prise dans ce sens.

Eden refusa de se laisser gagner par le découragement. Il fallait trouver le moyen de lui faire comprendre que de sa magnanimité dépendait le sort de nombreuses vies humaines.

— Cameron, je suis venue pour essayer de te faire entendre raison...

— C'est cela, quelles sont tes instructions, Eden ? La séduction ? Es-tu censée me faire passionnément l'amour et m'arracher des promesses sur l'oreiller ?

Ses paroles étaient aussi dures et froides que le regard qui semblait plonger au plus profond d'elle-même. Poings serrés, il fit un pas vers elle qui la glaça de peur. Il s'arrêta à quelques centimètres, tendit la main... et enroula une mèche de ses cheveux autour de son doigt. Elle ne remarqua pas que sa main tremblait, tant elle était effrayée.

— Je suis curieux de savoir comment tu comptais t'y prendre, pour me séduire. Avant, tu n'avais aucune difficulté pour obtenir de moi ce que tu voulais...

Figée par son regard, les bras ballants, elle regarda, impuissante, la rage le disputer à la souffrance sur son visage. Elle aurait voulu fuir, mais comme la victime paralysée d'un serpent, elle était sans force contre ses attaques venimeuses.

— Est-ce l'instant où tu es censée m'embrasser, Eden ?

Sa bouche n'était qu'à quelques millimètres de la sienne, à présent.

— Tais-toi, Cameron, articula-t-elle, retrouvant enfin l'usage de la parole.

— Pardon ! feignit-il de s'excuser. T'ai-je choquée ?

Doucement, elle posa la main sur sa poitrine.

— Tais-toi, répéta-t-elle.

Dès qu'elle le toucha, Cameron recula jusqu'à la table et se servit un deuxième verre.

— J'avoue que je suis très déçu. Tu n'es guère coopérative, et tu manques totalement d'enthousiasme.

— De toute façon, tu n'en feras qu'à ta tête, se défendit-elle dans un murmure. Comme toujours.

— Pas comme toujours, insinua-t-il.

Ils savaient tous deux à quels événements il faisait allusion.

— Parfois, les choses que l'on désire le plus ne sont pas nécessairement bonnes pour nous.

— Très juste. Malheureusement, certains apprennent cette leçon de la vie contraints et forcés.

Eden se sentait sans défense face à sa colère. Pourquoi s'était-elle crue capable de l'atteindre ? N'était-elle pas plutôt en train de gâcher toutes les chances de ses concitoyens ? Elle serait bien partie, mais il lui barrait le chemin. La terreur l'envahit.

— En venant te voir, j'ai commis une grave erreur, bredouilla-t-elle en baissant la tête.

En deux pas, il la rejoignit et la força à relever le menton.

— Que se passe-t-il, Eden ? Te rends-tu compte finalement que le prix qu'ils t'ont offert est insuffisant par rapport au sacrifice que ta mission exige ?

Eden se tassa sur son siège comme s'il l'avait giflée. Cameron vit la douleur dans ses yeux et se détesta. Mais il ne dominait plus sa rancœur. Tout l'après-midi, il avait été assailli par des émotions si fortes qu'elles l'avaient épuisé. Les choses ne s'étaient pas passées exactement comme il l'avait prévu. Ses sentiments pour la ville, pour l'usine et surtout pour Eden, le déroutaient.

Sans un mot, elle s'écarta et se dirigea vers la porte.

— Eden ! cria Cameron, soudain pris de peur.

Lentement, elle se retourna, et la larme qui brillait au coin de son œil anéantit Cameron.

— Pourquoi ?... murmura-t-il. Pourquoi ne m'as-tu pas suivi, il y a douze ans ?

— Parce que j'étais coupable. Et que cette séparation aurait tué ma mère.

Pendant un moment, Cameron parut abasourdi. Ses épaules s'affaissèrent, comme sous le poids d'une immense déception.

— Tu as droit à une explication, Cameron. J'étais venue te la donner.

Sans la quitter des yeux, il s'assit dans le fauteuil qu'elle avait laissé vacant, et attendit.

— Cette... cette nuit-là, commença Eden, quand ton père est monté nous retrouver dans ma chambre, ma mère et moi, j'ai appris l'histoire terrifiante du passé de Lila.

Des yeux, elle le supplia de ne pas l'interrompre.

— Quand j'étais petite, mon père et ma mère vivaient dans une petite ville du Texas très semblable à McCauley. Quand j'avais quatre mois, mon père a été tué. Assassiné dans le lit de sa maîtresse par le mari de celle-ci.

L'écoute attentive de Cameron lui donna le courage de continuer.

— Le scandale qui a éclaté a brisé la vie de ma mère. Les commérages l'ont obligée à quitter sa ville natale. Nous déménagions sans cesse, comme des gitans. Longtemps, elle a cherché à fuir le fantôme du passé. Jusqu'à ce qu'elle rencontre ton père.

Elle s'éclaircit la voix avant de continuer.

— Winston Felton a changé notre vie. Il a donné à ma mère un sentiment de sécurité qu'elle n'avait jamais connu. Et c'est cette triste histoire qu'ils m'ont racontée pendant que tu attendais en bas. Avant de me demander de ne pas plonger Lila dans un autre cauchemar maintenant qu'elle était enfin libérée de son passé. Je ne pouvais pas refuser... même en sachant combien je t'aimais...

Un silence sépulcral descendit sur la pièce durant quelques brèves secondes.

— Je pouvais te blesser, ou détruire ma mère, Cameron. Je n'avais pas le choix, ton père non plus, malgré l'amour qu'il te portait en silence.

A présent, la voix d'Eden n'était plus qu'un murmure.

— Ils m'ont convaincue que nous étions trop jeunes pour nous aimer vraiment. Que l'amour véritable résistait à l'épreuve du temps, que si nous nous aimions encore dans quelques mois, alors nous trouverions une solution. Je les ai haïs, alors. Mais je me suis haïe davantage parce que je les écoutais et les croyais.

Cameron se leva, les jambes légèrement écartées, les poings serrés. Le cœur battant, Eden soutint son regard. S'il la croyait, le passé serait peut-être racheté. S'il ne la croyait pas...

— Pourquoi as-tu attendu si longtemps avant de me dire la vérité ? demanda-t-il lentement. Pourquoi ne m'as-tu pas contacté après l'enterrement de nos parents, il y a trois ans ?

— A quoi bon ? Tu n'es même pas venu à leur enterrement, Cameron, murmura-t-elle, la douleur perceptible dans chacun de ses mots. Sais-tu que ton père a pleuré, la nuit de ton départ ?

A ces mots, Cameron sursauta comme si elle l'avait frappé. Mais Eden continua, sans lui laisser le temps de réagir.

— Plus tard, comme nous restions sans nouvelles, ton père s'est amèrement reproché sa conduite envers toi.

— J'en ai assez entendu ! la coupa Cameron. Tu m'avais presque convaincu. Mais maintenant que tu essaies de disculper mon père...

En deux enjambées, il gagna la porte.

— Merci d'être venue, docteur, dit-il d'un ton haineux en posant la main sur la poignée.

— Il a engagé un détective pour te retrouver, continua bravement Eden. Il t'a écrit une lettre de dix pages en te demandant de revenir à la maison.

— Je la lui ai renvoyée.

— Oui. Sans l'avoir décachetée. Winston en a

tellement souffert qu'il est resté plusieurs semaines profondément déprimé.

— Finalement, j'irai discuter directement avec le maire demain, c'est préférable, lâcha Cameron d'un ton sarcastique. Bonsoir, Eden.

— Tu étais sa seule faiblesse !

— Faiblesse !

L'armure était enfin percée. Cameron avança d'un pas vers elle, des années de souffrance et de colère flamboyant dans ses yeux.

— Ce mot ne figurait même pas dans le vocabulaire de Winston Felton ! Pas plus que le mot amour ! Pas une seule fois il n'a eu le moindre élan d'affection vers moi. Il ne savait que distribuer des ordres ou des instructions. Je le haïssais.

— Lui t'aimait.

Et moi aussi, aurait-elle voulu crier. *Dieu me garde, je t'aime encore !*

Sachant qu'elle avait perdu, Eden se prépara à soulever le voile sur l'ultime révélation qu'elle devait lui faire.

— La dernière volonté de ton père avant de mourir a été de montrer au monde combien tu comptais pour lui. C'était un homme brillant, obstiné, opiniâtre qui n'avait connu que tard dans la vie la joie d'aimer. Il avait attendu trop longtemps pour distribuer l'amour qui vivait enfermé en lui depuis tant d'années. En cela, tu lui ressembles.

Sur ces mots, Eden ouvrit la porte à toute volée et courut vers sa voiture.

⁂

Eden caressa l'écorce du vieux chêne. Combien de fois était-elle venue ici chercher une consolation? Des centaines, des milliers peut-être. La première fois qu'elle s'était réfugiée au pied de l'arbre centenaire était le lendemain du départ de Cameron. Elle avait longuement pleuré leur amour. L'arbre était devenu son ami et son confident, le réceptacle des chagrins les plus douloureux de son existence, comme la mort de Winston et Lila dans un accident d'avion, ou celle d'un petit enfant qu'elle n'avait pas réussi à arracher aux griffes de la maladie.

Ce soir, elle était revenue chercher sous ses larges branches le réconfort dont elle avait tant besoin. Le jeune Cameron qu'elle avait aimé n'existait plus. Un homme froid, calculateur et sans cœur était revenu à sa place. Et elle portait le deuil de Cameron comme elle avait porté celui de ses parents.

Son désespoir était si grand qu'elle n'entendit pas la voiture s'arrêter à une cinquantaine de mètres de l'arbre. En revanche, le claquement de la portière la ramena à la réalité.

Cameron descendit de la limousine et la contempla un instant, petite silhouette dans l'ombre du grand arbre. Comment avait-il deviné où la trouver? Seul l'instinct l'avait attiré vers cet endroit où, pour la première fois, ils avaient goûté la saveur douce de l'amour. Il s'arrêta à quelques pas d'elle.

— Tu as dit qu'il avait voulu montrer à tous combien j'avais d'importance pour lui, commença-t-il sans préambule. Comment?

Au son de sa voix, l'espoir fit battre le cœur d'Eden. Dans un souffle, elle lui répondit.

— La deuxième lettre que ton père t'a envoyée est revenue, comme la première. Ton père a compris alors que tu ne nous pardonnerais jamais. Il en a souffert jusqu'à sa mort.

— Qu'en sais-tu?

— Il te faut une preuve, n'est-ce pas? s'emporta Eden, lasse de se buter à son incompréhension et à ses doutes. Cela aussi, il le savait. Suis-moi, Cameron...

Les épaules affaissées, avec un soupir, elle contourna l'arbre. Au début, Cameron ne remarqua pas la plaque de bronze scellée dans le marbre, aux pieds d'Eden.

— Quand le comté a décidé de déplacer la foire sur un autre terrain, ton père a acheté celui-ci pour le compte de la municipalité. Il connaissait... mes sentiments pour cet endroit. Les gens de la ville ont voulu lui donner son nom. Mais ton père a refusé cet honneur. Après sa mort, les membres du conseil municipal sont venus me trouver pour essayer de me convaincre à mon tour. Mais son testament était très explicite à ce sujet.

Sans un mot de plus, elle repartit lentement vers sa voiture et reprit le chemin de la ville. Quand le silence retomba sur le parc, Cameron baissa les yeux vers la plaque de marbre éclairée par la lune.

Pour nos jeunes gens. Don de Winston Felton en l'honneur de son fils, Cameron, disait-elle.

Il resta longtemps immobile. Pendant des années, il avait cherché un endroit où s'arrêter, sans pouvoir lui donner un nom. Cameron Felton tendit la main vers l'arbre. Il avait besoin de temps pour réfléchir. Un homme n'abandonne pas en quelques minutes une idée à laquelle il a dû s'accrocher pendant douze ans pour ne pas sombrer dans le désespoir...

Chapitre 5

Pendant des jours après cette soirée mémorable, ni Eden ni personne n'entendit plus parler de Cameron. Une équipe de comptables se présenta, mais leurs instructions se bornaient à vérifier les comptes de la société Kirby et de rédiger un rapport pour le compte de Cameron Felton. Le maire appela son bureau à plusieurs reprises, sans succès.

Cameron ne quittait pas les pensées d'Eden depuis une semaine. Ce qui explique sans doute pourquoi elle ne vit pas tout de suite la camionnette rouge garée sur la place non loin de sa propre voiture. Un rubis scintillant à la lumière du soleil, et qui ressemblait beaucoup à...

Son cœur battit plus vite. Cette camionnette ressemblait exactement à celle que Cameron possédait autrefois.

Eden soupira et une nostalgie poignante lui étreignit le cœur. Au moment où elle allait se détourner, elle crut que sa vue lui jouait des tours. Comme surgi d'un voyage dans le temps, Cameron Felton était revenu, en chair et en os, avec exactement la même apparence que douze ans plus tôt.

Appuyé contre la portière du conducteur, les bras croisés sur la poitrine, il portait une chemise blanche à boutons nacrés dont les manches relevées exposaient ses bras forts et bronzés. Un jean à taille basse soulignait l'étroitesse de ses hanches et la longueur de ses jambes parfaites. Et comme un écho du passé, un chapeau de cowboy était posé, légèrement relevé vers l'arrière, sur les cheveux brillants.

Eden n'en croyait pas ses yeux!

De l'autre côté de la place, Cameron dissimula un sourire. Eden était probablement la seule femme au monde capable de dévisager quelqu'un la bouche ouverte et d'être encore terriblement séduisante. Comme si le regard de Cameron l'avait vraiment touchée, la jeune femme sursauta et sentit son pouls s'accélérer.

Etouffant un grognement de dépit, elle jeta un coup d'œil sur son jean effrangé et son tee-shirt sans manches trop large pour elle. Pourquoi avait-il fallu qu'il la surprenne dans ses vieux vêtements de week-end!

Serrant contre sa poitrine le sac de graines qu'elle venait d'acheter, elle jeta un coup d'œil autour de la place. Aujourd'hui, les langues iraient bon train, et les commères s'en donneraient à cœur joie pendant des mois.

Cameron commença à avancer vers elle. Qu'elle le veuille ou non, Cameron Felton rentrait une nouvelle fois dans sa vie...

Fascinée, Eden le regarda approcher, avec

lenteur et souplesse, et songea aux félins dont elle admirait tant la dignité naturelle. Prenant une profonde inspiration, elle attendit.

— Tu devrais porter un chapeau, remarqua-t-il en laissant son regard errer sur ses épaules dorées par le soleil.

— Mer... merci, bredouilla-t-elle, noyée dans les profondeurs noisette de son regard.

Etait-elle en train de vivre un de ces rêves qui la maintenaient éveillée jusque tard dans la nuit depuis une semaine?

— Je... tout le monde pensait que tu ne reviendrais pas.

Il sourit, accélérant ainsi les battements de son cœur. Combien de fois, à l'âge de dix-huit ans, avait-elle guetté un de ces sourires dont lui seul avait le secret?

— Je me le suis moi-même demandé. Il fallait que je réfléchisse. J'avais des décisions à prendre.

Elle nota l'absence de sarcasme dans sa voix. Il y avait quelque chose en lui de différent. La tension, si présente la dernière fois qu'ils s'étaient vus, avait disparu.

— Alors? demanda-t-elle en retenant son souffle.

— La saisie d'hypothèque des usines Kirby a eu lieu avant-hier, comme prévu. Il y a d'autres décisions à prendre dont j'aimerais te parler.

La déception envahit Eden. Elle avait espéré stupidement que quelqu'un d'autre rachèterait l'affaire de Kirby, quelqu'un qui se soucierait de l'avenir de l'usine et de celui de la ville.

— Si tout est déjà décidé, nous n'avons rien à nous dire de plus, murmura-t-elle.

— Je veux te parler, insista-t-il doucement.

— Non.

— Eden, sois raisonnable. Pouvons-nous au moins nous éloigner de cette place où tout le monde nous regarde et aller discuter en paix quelque part ?

— Non.

— Alors je te suis à Willow Lane, annonça-t-il.

— Il n'en est pas question !

Elle avait élevé la voix, attirant l'attention de quelques passants.

Il eut un soupir résigné et posa les mains sur les hanches.

— Dans ce cas, nous parlerons ici, au vu et au su de tout le monde. D'ailleurs, il y a déjà un attroupement.

Eden jeta un coup d'œil autour d'eux. En effet, deux ou trois curieux s'étaient arrêtés à quelques mètres et écoutaient, sans se cacher, leur conversation.

— Très bien, suis-moi à la maison. Mais ne gare pas ce... cette camionnette devant chez moi.

Il dissimula un sourire triomphant et se hâta de repartir en direction de sa camionnette avant qu'Eden ne change d'avis.

Il arriva avant elle, et se proposa de l'aider à porter ses courses à l'intérieur. Devant la porte de la cuisine, elle chercha ses clés, tenant en équilibre la trousse sans laquelle elle ne se déplaçait jamais, ainsi qu'un sac d'épicerie. Cameron avança le bras pour lui prendre un paquet et frôla son épaule nue. Aussitôt, il retira sa main, comme s'il s'était brûlé.

Eden vit ses mâchoires se contracter. Puis leur gêne à tous deux se dissipa.

— Faut-il encore tâtonner avec la clé pour ouvrir la porte? demanda-t-il.

Elle répondit par un hochement de tête et dès qu'ils furent à l'intérieur, elle se rua à l'autre bout de la cuisine sous le prétexte d'aller déposer sa mallette sur le buffet.

— Je t'écoute, dit-elle d'une voix mal assurée en se retournant vers lui.

Le regard de Cameron se promenait lentement sur les objets et les meubles familiers de cette pièce dans laquelle il avait vécu. Il se balança d'un pied sur l'autre, avant d'enfoncer les mains dans les poches. Si Eden n'avait pas été persuadée qu'il lui jouait la comédie, elle aurait juré qu'il était aussi nerveux qu'un jeune homme à son premier rendez-vous.

— Puis-je boire quelque chose? demanda-t-il.

— J'ai mis du thé à glacer au frigidaire avant de partir. En veux-tu?

— Volontiers, acquiesça Cameron.

Comme il buvait en silence, Eden sentit sa patience atteindre ses limites.

— Tu voulais parler, dit-elle, légèrement agressive. Alors qu'attends-tu?

Cameron inspira profondément.

— Tu avais raison, Eden. Je suis revenu ici avec l'idée de me venger.

Malgré le ressentiment qu'elle éprouvait pour lui, Eden lui fut reconnaissante de sa franchise.

— Que va-t-il se passer, maintenant? l'interrogea-t-elle avec anxiété.

— Mon groupe va s'occuper de la gestion des usines Kirby.

— Des étrangers!

— Non. Moi-même.

Leurs regards se heurtèrent de plein fouet. Un homme de l'importance de Cameron n'allait tout de même pas s'abaisser à cette besogne!

— Toi... personnellement?

Il hocha la tête.

— Pourquoi?

— Pour te prouver et me prouver à moi-même que je ne suis pas devenu celui que tu penses.

Les battements du cœur de la jeune femme s'accélérèrent.

— Est-ce aussi important?

— Extrêmement.

Pour toi ou pour moi? aurait-elle voulu demander.

— Cela ne sera pas facile.

— Je sais. J'aimerais te donner des garanties, mais je ne peux rien promettre.

— Quelles sortes de garanties?

— Que l'usine ne doit pas nécessairement fermer. De nombreux facteurs restent à considérer et à évaluer. Un vaste remaniement sera de toute façon nécessaire. Pour le moment, je ne peux rien avancer de précis. En revanche, je te promets que toutes les décisions prises le seront en fonction de l'impact qu'elles auront sur la communauté entière. Cela te paraît-il juste?

Réfléchissant intensément, Eden plongea les mains dans ses poches.

— Oui. Mais es-tu certain de pouvoir oublier tout à fait le passé, Cameron?

— Tu y es bien arrivée, non?

Elle aurait pu répondre par l'affirmative, mais mentir aurait été une insulte au courage qu'il avait montré aujourd'hui.

— En partie, oui. J'ai pardonné à Lila et Winston.

— Et à moi?

— Entre nous, il n'y a jamais rien eu à pardonner. Mais ton père?

— Malgré tout ce que tu m'as dit, je nourris encore une certaine rancœur à son égard. Mais je suis prêt à oublier beaucoup de choses et à agir pour le bien de McCauley et de ses habitants.

Il se passa nerveusement la main dans les cheveux.

— Je te propose un marché. Je me plierai à tous tes désirs en ce qui concerne l'usine et la ville, si tu acceptes de faire quelque chose pour moi.

— C'est-à-dire?

— Dîner avec moi?

— Je ne pense pas que ce soit une bonne idée, Cameron.

— Allons au cinéma, alors.

— Certainement pas.

— Eden?
— Oui?
Il lui prit les mains et plongea les yeux dans les siens.
— Eden, je me moque où nous allons, mais accepte de passer un moment avec moi.
— Les gens jaseront.
— Et alors? Nous ne sommes plus des enfants. Nous méritons le bonheur que nous pouvons fabriquer pour nous-mêmes, non?
Il vit l'incertitude dans ses yeux et pria le ciel de la faire fléchir.
Enfin, elle sourit.
— Tu as raison, je crois...

***

Paul Kirby n'aurait pas été de cet avis. Le bonheur n'était pas quelque chose qui se mérite, mais qui se prend. Même à quelqu'un d'autre.
Se glissant entre les draps en désordre, il jeta un coup d'œil indifférent à la femme appuyée contre la tête de lit. Viola Tyler était toujours à sa disposition, du moment qu'il la couvrait de cadeaux.
— Tu n'as même pas fait attention à moi, aujourd'hui, minauda-t-elle. Qu'as-tu? Trop de travail?
— C'est cela, mentit Paul.
— Eh bien ne t'inquiète pas. Viola va te faire oublier tes soucis. Je pense au moment où nous allons enfin être seuls depuis que tu m'as appelée ce matin.

— Tu penses plutôt qu'après quelques verres, je ne me souviens plus combien il me reste d'argent, rétorqua-t-il cruellement.

— Méchant ! se plaignit Viola.

Avec un geste brusque, elle lui administra une tape sur le poignet. Paul, qui était en train d'allumer une cigarette, lâcha le briquet. La taie d'oreiller commença à brûler. Entrant dans une colère noire, il insulta Viola.

— Dépêche-toi d'aller chercher de l'eau à la salle de bains, imbécile !

Elle sortit d'un bond de son lit et courut jusqu'au lavabo. Quand elle revint, Paul essayait vainement d'étouffer le feu.

— Tu en as mis un temps ! maugréa-t-il. Alors, vas-tu te décider à éteindre ce feu ?!

Viola lui renversa sur la tête le verre d'eau qu'elle avait apporté, arrosant copieusement l'oreiller.

Puis elle rassembla ses vêtements, un minuscule short et un tee-shirt et s'habilla. Trop abasourdi par son geste de rébellion, il ne songea même pas à la retenir.

— Je ne suis peut-être pas Einstein, lança-t-elle, avant d'ouvrir la porte. Mais toi, tu n'as vraiment pas de cœur !

Refermant vivement la porte derrière elle, elle n'entendit pas le chapelet d'injures que lui lançait Paul. Il continua d'invectiver l'humanité entière pendant quelques minutes avant de se taire. Ses yeux tombèrent alors sur le lit dévasté.

Lentement, une idée se forma dans son esprit...

Chapitre 6

— Pour l'amour du ciel, Eden, ce n'est qu'un dîner, pas une audience chez le pape!

En grommelant, Eden jeta le magazine qu'elle faisait semblant de lire. Juste un dîner. Avec Cameron. Seuls.

Pourquoi avait-elle accepté?

Question stupide. Tout simplement parce que tu l'aimes encore...

Là était bien le problème: chaque fois qu'elle était près de lui, le désir obscurcissait son jugement. Le regard d'Eden remonta le long de l'escalier menant aux trois chambres. En invitant Cameron à la maison, elle avait probablement commis une grave erreur.

Refusant de se laisser atteindre par le doute qui la rongeait, elle se dirigea d'un pas décidé vers la cuisine pour achever les derniers préparatifs.

*
**

Cameron coupa le moteur et regarda sa

montre. Il avait dix minutes d'avance. Ce qui ne fit rien pour calmer sa nervosité.

Depuis qu'Eden l'avait invité à dîner chez elle, il sursautait au moindre bruit et son rythme cardiaque empirait à chaque minute. Et si la soirée était un désastre? Et s'ils s'apercevaient que la vie les avait irrémédiablement éloignés l'un de l'autre? Et qu'ils ne pouvaient même plus être amis?

Pendant des jours après l'épisode de l'arbre, Cameron avait combattu ses émotions en réfléchissant aux révélations d'Eden. De longues délibérations avec lui-même l'avaient enfin conduit à la décision de revenir à McCauley. Pour Eden.

Tout était clair, désormais: il ne pourrait plus vivre sans elle. Il fallait maintenant la convaincre qu'ils avaient un avenir possible, tous les deux. Pas à McCauley, le passé pesait encore trop lourd sur leurs épaules. Mais n'importe où ailleurs. Il fallait obéir à la fatalité, suivre le cours inexorable de la vie qui les avait destinés l'un à l'autre. A quoi bon essayer d'échapper à cette vérité? Si convaincre Eden devait prendre des semaines, des mois ou des années, il s'en moquait.

A sept heures précises, il actionna la sonnette.

— Bonsoir, dit-il quand elle ouvrit lentement la porte. Voilà pour toi.

Une douzaine de gardenias superbes se matérialisèrent comme par magie sous les yeux étonnés d'Eden.

— Merci, souffla-t-elle en les prenant délicatement entre ses mains. Ils sentent merveilleusement bon.

— Toi aussi.

Il arborait ce sourire auquel elle ne savait pas résister.

— Veux-tu entrer? l'invita-t-elle, troublée.

— Avec plaisir.

Cameron fit quelques pas dans le vestibule et s'arrêta pour contempler la maison dans laquelle il avait grandi.

— Pourquoi les endroits sont-ils toujours plus petits que dans nos souvenirs? murmura-t-il. Quand j'étais enfant, j'avais l'impression d'habiter un château.

— Parce que nous grandissons, mais pas nos souvenirs, répondit doucement Eden. Aimerais-tu jeter un coup d'œil sur la maison?

Il sourit et elle comprit qu'il n'aurait jamais osé formuler cette requête si elle ne l'avait pas fait à sa place.

— Si tu veux bien. Mais j'aimerais que tu viennes avec moi.

— Pour visiter la maison de ton enfance?

— Bien sûr! je viens de te dire que tout a rétréci depuis la dernière fois, et que je ne reconnais rien. Tu ne voudrais pas que je me perde? ajouta-t-il malicieusement.

Prise au dépourvu, elle ne songea même pas à protester lorsqu'il lui prit la main.

— Pouvons-nous commencer par cette pièce? demanda-t-il en s'arrêtant devant la porte de son ancienne chambre.

En guise de réponse, Eden poussa le battant et s'effaça pour le laisser entrer.

Les trophées gagnés au base-ball et au football étaient encore alignés sur le devant des étagères, exactement comme dans les souvenirs de Cameron. Abasourdi, il passa en revue le moindre objet. Il aurait juré...

— Elle est telle que tu l'as laissée, dit Eden sur le seuil.

— C'est bien ce que je vois. Mais pourquoi ?

Le plaisir et la stupéfaction lui firent froncer les sourcils. Eden parut examiner attentivement le bout de ses chaussures avant de répondre.

— Telle était la volonté de Winston. Parfois, il venait épousseter les trophées lui-même. D'autres fois, il s'enfermait ici, seul, pour réfléchir. Il avait passé la soirée dans ta chambre la veille où lui et maman...

Elle s'interrompit et s'éclaircit la voix avant de dire doucement :

— Veux-tu visiter le reste de la maison ?

Cameron la suivit hors de la pièce avant qu'elle ne puisse voir les larmes qui perlaient à ses paupières. Ils s'arrêtèrent à la chambre de jeune fille d'Eden. Là non plus, rien n'avait changé.

— Voilà, soupira Eden en refermant la porte. Le grand tour est terminé.

— Il reste une pièce.

— La grande chambre que j'occupe maintenant ? Elle n'a pas changé, elle non plus. Et puis elle est en désordre.

— Je m'en moque.

Après tout, quel mal y avait-il à ce que Cameron visite sa chambre ? Quelques secondes plus tard, il s'avançait jusqu'au pied de l'antique lit à baldaquin. Nerveusement, Eden serrait et desserrait les mains. Elle vit le regard de Cameron s'attarder sur un caraco ourlé de dentelle et un petit slip assorti laissés négligemment sur le dossier de la chaise, devant la coiffeuse. Quand la jambe de Cameron les frôla et que le caraco tomba sur son pied botté, le cœur d'Eden bondit dans sa poitrine.

Sans un mot, mais avec un regard appuyé qui la fit rougir, il se baissa pour ramasser le vêtement et le remettre délicatement à sa place. Eden toussota, mal à l'aise et le rangea dans un tiroir.

— Je vais aller vérifier le dîn...

Sa voix s'étrangla dans sa gorge quand elle croisa le regard brûlant de Cameron.

Lentement, il approcha du lit et souleva un coin du couvre-pied. Des draps roses. Une envie soudaine le prit de découvrir à quels autres goûts d'adolescence Eden était restée attachée. Malgré les apparences, la belle Eden Scott n'avait pas tout oublié de sa jeunesse. Cameron se sourit à lui-même.

Un bruit de pas l'avertit qu'elle avait quitté la pièce. Refermant la porte sans bruit, il la suivit dans l'escalier.

— Merci, dit-il doucement quand il l'eut rattrapée. Pour la visite, et pour m'avoir donné l'impression d'être le bienvenu dans une maison où je ne me suis jamais senti chez moi.

La sincérité touchante de sa voix allégea la

tension de quelques instants plus tôt. Eden devina sa vulnérabilité.

— Ne te lasses-tu jamais de déménager sans cesse, de ne pas avoir de racines ? le questionna-t-elle avec compassion.

— Le monde est vaste au-delà des limites de McCauley, Eden. Il ne faut pas avoir peur de l'explorer.

Que c'était étrange, songea-t-elle. Elle avait passé son enfance à aspirer à la chose même qu'il avait rejetée au même âge, la stabilité.

— Je n'ai pas peur, répondit-elle. Tout ce que je désire se trouve ici. Pourquoi chercher ailleurs ?

— En es-tu sûre ? demanda-t-il en effleurant du doigt sa lèvre charnue.

Eden retint son souffle.

— Te rends-tu compte que ceci est notre premier rendez-vous officiel ? poursuivit-il dans un murmure.

Les paupières mi-closes, Eden hocha la tête.

— Les premiers rendez-vous sont un enfer, n'est-ce pas ? continua-t-il. Je ne savais jamais s'il fallait embrasser ma cavalière à la première sortie. Comprends-tu ce que je veux dire ?

Incapable de prononcer une syllabe, Eden répondit à nouveau par un hochement de tête.

— Je m'en voudrais de passer la majeure partie de la soirée à redouter son dénouement, déclara alors Cameron. Pas toi ? Alors mettons fin à cette attente insupportable.

Eden s'abandonna sans résistance contre lui lorsqu'il prit ses lèvres avec un mélange de tendresse et de passion. Ses mains couraient sur son dos, des épaules jusqu'à la taille, la pressant davantage contre lui à chacun de leurs passages. Un doux vertige s'empara peu à peu d'Eden. Toute pensée rationnelle déserta son esprit pendant quelques minutes... Puis une sonnerie retentit, en provenance de la cuisine. Elle l'entendit d'abord dans un brouillard.

— Est-ce important? demanda Cameron en inscrivant une ligne de baisers de son front à son menton. Notre dîner est-il en train de brûler?

— Mmh? murmura Eden qui n'était pas encore tout à fait revenue à la réalité.

Tout à coup, cependant, elle s'écarta de lui.

— Le dîner? Oh mon Dieu, le dîner!

Elle courut jusqu'à la cuisine, Cameron sur les talons.

— Est-il brûlé? demanda-t-il en jetant un coup d'œil par-dessus son épaule.

Eden souleva le couvercle d'une casserole dont un fumet délicieux s'échappa.

— Non, Dieu merci, répondit-elle avec un soupir de soulagement.

Elle s'aperçut alors qu'il était très près derrière elle. Il posa une joue contre la sienne.

— Cela sent divinement bon, murmura-t-il au creux de son oreille.

Le cœur d'Eden battit plus vite, et elle en oublia de respirer.

— Puis-je te donner un coup de main? se proposa Cameron, inconscient du trouble que sa proximité suscitait en elle.

— Non. Enfin, si. Peux-tu essorer la salade et préparer la vinaigrette ?

— Je crois. Où sont les couverts ?

— Dans ce tiroir, à côté de l'évier.

Quand il s'éloigna enfin d'elle, les rythmes du cœur d'Eden s'apaisèrent. Elle se maudit de sa nervosité. La soirée ne faisait que commencer et déjà, elle perdait la tête !

Ils achevèrent ensemble la préparation du repas. Eden fit glisser le rôti aux légumes sur un plat d'argent pendant que Cameron essorait et assaisonnait la salade.

— C'est le meilleur repas que j'aie goûté depuis des mois. Et même des années, dit Cameron, avec un soupir de satisfaction.

— Désires-tu une tranche de tarte aux pommes avec de la crème à la vanille ?

Cameron eut un grognement découragé, mais ne résista pas à la tentation. Il la regarda se lever et, fasciné, admira le mouvement ondulant de ses hanches tandis qu'elle se rendait à la cuisine. Quand elle revint, elle fut frappée par l'intensité de son regard et rougit.

— Tu te souviens, toi aussi, n'est-ce pas ? murmura-t-il d'une voix rauque.

Comment aurait-elle pu oublier ? Partout où leurs yeux se posaient, ils rencontraient un objet qui semblait avoir été placé là pour leur rappeler leur premier baiser. Son « oui » fut à peine audible.

— J'étais ivre, remarqua-t-il.

— J'étais terrorisée.

— Moi aussi.

— Tu étais tellement en colère à cause de ce que j'avais dit...

— Pas après toi, mais après moi-même, précisa Cameron. Je ne pouvais pas m'empêcher de penser à toi. Toujours, à tout instant.

Du bout de la langue, elle humecta ses lèvres sèches. Cette évocation du passé la ramenait brutalement au présent. Sans même la toucher, Cameron était en train de la séduire. Il ne faudrait pas plus d'un baiser pour qu'elle soit perdue. Le désir avait jailli entre eux comme une flamme, et comme une flamme, il était prêt à tout consumer. Mais si Cameron ne cherchait qu'à exorciser le passé? S'il n'avait aucune pensée pour l'avenir?

D'une voix tremblante, elle essaya de le ramener à la raison.

— Parfois, nous peignons les souvenirs de couleurs plus vives qu'elles n'ont dans la réalité.

Des yeux, Cameron chercha à la ramener vers la complicité intime qu'ils avaient partagée quelques instants. Mais Eden s'était ressaisie et l'atmosphère n'était plus la même. Volontairement, elle avait masqué ses émotions derrière un voile. Dissimulant sa déception, Cameron recula d'un pas.

— Mangeons cette tarte pendant qu'elle est encore chaude.

Cherchant un sujet de conversation inoffensif, Eden lui demanda:

— Comment se passent les choses à l'usine?

Cameron se massa la nuque.

— Bien. Mais la réorganisation va nécessiter plus de temps que prévu, répondit-il, ne sachant s'il devait se réjouir de cette diversion.

— Y a-t-il des problèmes?

— Ton ami Paul Kirby y est pour beaucoup, répondit distraitement Cameron. Lui as-tu parlé?

— Non. Pas depuis que tu as quitté la ville.

— Il incite pratiquement la population à la révolte.

— Que veux-tu dire?

— Il raconte à qui veut l'entendre des histoires à dormir debout. Il me traite d'escroc et répand le bruit que je me suis approprié l'usine par des moyens frauduleux. Il prévoit la fermeture prochaine et la ruine de McCauley. Selon lui, la tradition, l'honnêteté et l'intégrité sont des valeurs que j'ai depuis longtemps cessé de respecter. Seul l'argent m'intéresse, et non les êtres humains.

— Tu as parlé toi-même d'une fermeture éventuelle de l'usine.

— C'est vrai, mais je n'aurai pas recours à cette solution avant d'avoir épuisé toutes les possibilités. Eden, me crois-tu?

— Est-ce si important?

— Oui.

— Je crois que tu respecteras la justice.

— Merci.

Emu, il enfonça les mains dans ses poches.

— Maintenant, il ne me reste plus qu'à convaincre tes concitoyens, soupira-t-il. Une chose est certaine, je ne quémanderai pas l'approbation des habitants de McCauley. Je ferai mon possible pour reinsuffler une nouvelle énergie à l'usine. Mais si tout le monde se ligue contre moi, je ne peux rien garantir. Il va donc falloir que je trouve le moyen de faire taire Paul.

— Comment ?

— Je ne sais pas... du moins pas encore.

Eden frissonna au son de sa voix. Mieux valait ne pas compter parmi les ennemis de Cameron Felton !

Ils portèrent leur part de tarte au jardin et s'assirent sur la terrasse couverte, derrière la maison.

— Tu as eu une riche idée en faisant construire une serre à cet endroit, remarqua Cameron en admirant les plantes.

— Jardiner était la passion de maman. De son vivant, le parc était toujours superbement entretenu. J'ai passé beaucoup de temps dans cette serre après que Winston et ma mère...

Elle coulissa un regard inquiet vers lui. Il avait la mâchoire crispée, et avait légèrement pâli.

— Chaque fois que je mentionne le nom de ton père, tu te raidis.

Cameron quitta sa chaise de rotin confortable et s'approcha du bord de la serre pour regarder pensivement le jardin.

— Pourquoi dis-tu cela ?

— Cameron, je sais que tu n'aimes pas parler de ton père...

— Tu as raison, je n'aime pas cela. Pouvons-nous changer de sujet ?

— Je ne vais tout de même pas bannir nos parents de ma conversation simplement parce que ce sujet te met mal à l'aise, déclara-t-elle. Je chéris leur souvenir. Il va bien falloir t'y habituer.

Il revint vers la table et baissa les yeux vers elle.

— Et si je n'y arrive pas?

— J'éprouverais beaucoup de pitié pour toi.

— Est-ce tout?

Baissant les yeux, elle avala sa dernière bouchée de tarte.

— Je ne vois pas ce que tu veux dire.

— Menteuse...

Cameron lui prit son assiette des mains et la posa sur la table basse. Puis ses mains caressantes épousèrent le contour de ses épaules et glissèrent le long de ses bras, entraînant avec elle les fines bretelles de son vêtement de soie sans manches. Trop stupéfaite pour réagir immédiatement, Eden ne lui résista pas. Quand du bout du doigt il effleura son sein nu, il était trop tard.

Les années de désir non assouvi, de rêves bafoués, de solitude douloureuse, s'achevaient enfin. Eden avait l'impression de se retrouver après une longue quête.

— Je te désire, murmura-t-il, tu me désires, autant que douze ans plus tôt...

Les mots de Cameron pénétraient la torpeur sensuelle qui s'emparait peu à peu d'Eden, accentuant les battements de son cœur. Il y avait si longtemps... Cameron, lui, avait dû tenir dans ses bras des centaines de femmes mille fois plus belles et plus expérimentées qu'elle...

Mais pour Eden, il n'y avait jamais eu que lui.

Un doute affreux l'envahit. Et si, après toutes ces années, la réalité détruisait la douceur de son rêve jalousement gardé jusqu'à ce jour?

— Oh ma chérie, j'ai cru devenir fou, si longtemps séparé de toi...

La note intense qu'elle percevait dans la voix de Cameron ne réussit qu'à accroître la peur qui lui nouait la gorge. Elle se sentit tout à coup très vulnérable, sans défense. Ses rêves merveilleux n'étaient plus là pour protéger son cœur fragile. Elle voulait se donner à Cameron comme autrefois, mais une terreur primitive, insidieuse et aveugle avait pris possession d'elle.

N'essayant plus de lutter contre les doutes qui l'assaillaient, Eden se débattit.

— Non! dit-elle dans un cri étouffé.

— Non? répéta Cameron, incrédule.

— Il faut que tu partes...

Elle se leva d'un bond, comme une biche effrayée, sous le regard effaré de Cameron.

— Que t'arrive-t-il, Eden?

— Rien!

Les mains tremblantes, elle remonta pudiquement son vêtement pour couvrir sa poitrine nue.

— Je veux que tu partes, insista-t-elle.

— Allons donc, tu mens très mal, dit-il avec amertume. Je ne ferai pas un pas hors de cette maison tant que tu ne m'auras pas expliqué pourquoi tu as tout à coup peur de moi.

— Tu ne me fais pas peur, Cameron, se défendit-elle. Je n'apprécie tout simplement pas les aventures passagères.

— Je ne comprends pas...

— Je t'ai invité à dîner, et non à passer agréablement quelques heures en ma compagnie.

Eden avait conscience du ridicule de ses insinuations et de son comportement. Mais elle ne pouvait plus s'arrêter. Elle évita son regard, incapable de supporter le reflet d'elle-même qu'il lui renvoyait.

La panique qu'il lisait dans ses yeux, la manière dont son corps se raidissait à ses mots, le choquaient et le déroutaient à la fois. Belle comme l'était Eden, des dizaines d'hommes devaient lui avoir fait la cour et l'avoir séduite depuis qu'il avait quitté McCauley. Alors quelle comédie lui jouait-elle?

Et s'il se trompait? Si Eden...

Soudain, des miettes d'instants lui revinrent en mémoire: les petits sursauts d'Eden, quand il approchait sans bruit derrière elle, la manière dont ses mains hésitaient à le toucher, la fraîcheur de ses réactions, l'innocence de son sourire... Non, c'était impossible! L'esprit de Cameron ne pouvait accepter la révélation incroyable qui s'imposait peu à peu à lui...

Mais cette idée, une fois implantée, refusa de mourir, se mutant en un espoir fou. Si seulement...

— Eden?

— Je t'en prie, pars.

Des larmes scintillaient dans ses yeux.

— Eden, regarde-moi.

— Non.

— S'il te plaît...

Comme elle refusait de lui obéir, Cameron lui prit doucement le visage entre les mains.

— N'as-tu... connu personne depuis cette nuit-là ?

Les épaules raides, Eden gardait obstinément les yeux baissés.

— Cela ne te regarde pas, lâcha-t-elle. Et va-t'en.

— Pas avant que tu m'aies répondu. As-tu fait l'amour à quelqu'un d'autre qu'à moi ?

— Non ! explosa-t-elle. Te voilà satisfait ?

— Jamais ?

— Jamais !

— Mais... pourquoi ?

De longues secondes passèrent, durant lesquelles Eden serrait et desserrait les mains.

Les yeux écarquillés, elle lui fit face.

— Pourquoi ! ? hurla-t-elle. Parce que je serais incapable de me donner à moitié à un homme que je... que je n'aime pas !

Un silence de mort retomba dans la serre. La vérité — incroyable, miraculeuse, merveilleuse — éclatait sous ses yeux. Eden n'avait aimé personne d'autre que lui. La question qui se forma aussitôt dans son esprit allait de soi. Etait-il possible que cet amour ait survécu aux agressions de la vie ? Les premiers balbutiements d'une joie immense accélérèrent son rythme cardiaque.

— Eden, je... je te présente mes excuses.

Dans les contrées sombres de la peur d'Eden se réveilla la colère. En vagues successives, elle anéantit toutes ses autres émotions.

— Je suppose que je devrais te remercier. J'ai eu droit à moins la première fois.

Cette remarque, aussi incisive qu'une lame, éclaira soudain Cameron.

— Ceci est la conversation que nous aurions dû avoir il y a douze ans.

Elle lui tourna le dos.

— Je ne vois pas de quoi tu parles.

— Je parle de sincérité, de culpabilité, de vérité. Toutes les choses auxquelles, selon toi, je dois faire face. Mais Eden, le moment n'est-il pas venu d'affronter à ton tour quelques vérités ?

Elle virevolta et le fusilla du regard.

— Dehors !

— Non, ce serait trop facile ! Tu m'as accusé d'utiliser le rachat de l'usine de Paul Kirby comme exutoire aux années de ressentiment que j'ai contre cette ville et ses habitants. Mais, toi, quel est ton prétexte, Eden ? Ton enfance sans père te donne-t-elle le droit de te terrer ici ?

— Tu es... tu es...

Ignoble, aurait-elle voulu dire. Mais elle ne trouvait pas le mot assez fort.

— Réfléchis bien à ce que je vais te dire, Eden. Tu as choisi ce petit hameau du Texas pour te cacher. Le temps, ta carrière, tout cela n'est qu'un prétexte pour ne pas te voir telle que tu es, c'est-à-dire une femme, avec ses désirs, sa sensibilité, et sa tendresse.

Trop abasourdie pour répondre, Eden le suivit des yeux jusqu'à la porte de la cuisine. Sur le seuil, il se retourna une dernière fois.

— Quand tu auras décidé de changer, fais-moi signe.

***

Le sommeil refusa à Eden son oubli réparateur. La confrontation avec Cameron l'avait épuisée, physiquement et moralement. Vers trois heures, elle rabattit rageusement ses draps et descendit au rez-de-chaussée.

Comment ai-je pu aimer quelqu'un d'aussi cruel? Il avait disséqué sa vie et ses émotions avec la précision d'un chirurgien. Des heures après son départ, elle tremblait encore comme une feuille. Chose qui ne lui arrivait jamais. Depuis qu'il avait surgi à l'improviste dans sa vie, elle n'était plus qu'émotions à vif et sentiments irraisonnés. Extérieurement, elle personnifiait la confiance en soi, image accrue par sa franchise déroutante. Cette image n'avait-elle donc été qu'une façade? Etait-il possible de se cacher aussi bien, même à soi?

Elle avait vu des malades gravement atteints se jouer si profondément la comédie et déployer tant de force pour se battre contre la mort que souvent, ils sentaient arriver leur fin avec plus de surprise que leur entourage. Parfois, ne savons-nous pas merveilleusement bien nous duper pour éviter de regarder la vérité en face? Dans ce cas, qu'essayait-elle de se cacher?

Prostrée sur son siège dans la serre, Eden fut soudain envahie par les réminiscences. C'était dans cette maison que Cameron l'avait embrassée pour la première fois, qu'il lui avait laissé entrevoir ce qu'être femme voulait dire. Ce baiser avait éveillé en elle un désir secret et profond qui était une douleur exquise pour l'âme et le corps. Elle avait très vite souhaité explorer ces régions inconnues de son être avec Cameron. Elle lui avait accordé une confiance absolue. Et surtout, elle s'était pleinement fait confiance à elle-même...

Ses doux sanglots emplirent le silence de la serre. A combien de personnes le destin réservait-il une seconde chance? Elle haïssait l'insécurité qu'elle avait connue enfant. Toutes ces années d'efforts pour être la fille intelligente et brillante que désirait sa mère réclamaient aujourd'hui leur dû. En vérité, Eden avait peur d'être médiocre face à l'homme qu'elle aimait.

Quand l'aube se leva dans le ciel, elle prit une décision. Elle essaierait de s'octroyer une troisième chance...

Chapitre 7

De longues heures plus tard, lasse et déprimée, Eden saluait le pharmacien. Ed Johnson lui sourit.

— Comment allez-vous ? Je ne vous ai pas vue depuis deux jours.

— Bien. Le nouveau remède que j'ai commandé est-il arrivé ?

— Oui, ce matin. Je vais bientôt m'occuper de vous. En attendant, si vous alliez déguster un sandwich ? demanda-t-il en lui désignant du menton la petite brasserie située en face du magasin. Dites à Connie que c'est un cadeau de la maison.

Eden lui sourit.

— Merci.

Elle mordait la première bouchée quand quelqu'un s'installa sur le tabouret à côté du sien.

— Bonjour, jolie dame.

— Bonjour Paul.

— On ne te voit plus, depuis quelque temps.

— Je suis occupée.

Inexplicablement, elle regrettait l'apparition

subite de Paul. La nuit qu'elle avait passée à s'interroger sur elle-même ne l'incitait pas à rechercher la compagnie des autres. Et le sourire niais de Paul ne servait qu'à attiser son irritation.

— Paul, attaqua-t-elle sans détour, il paraît que tu répands de fausses rumeurs au sujet de Cameron.

— Es-tu bien certaine qu'elles sont fausses?

— Je ne te reproche pas tant ce que tu dis que la manière dont tu montes la population contre lui. Ces méthodes sont indignes de toi, Paul. Tu es responsable de la faillite de l'usine. Tu ne l'as pas volée.

— On dirait que tu es de son côté.

— Je suis du côté des habitants de la ville.

— Allons Eden! Tu es tellement naïve que tu donnerais le bon Dieu sans confession à un serpent de l'espèce de Felton.

— Je pense que tu juges injustement Cameron.

— Sais-tu ce que j'aime en toi, Eden? Tu cherches toujours le bon côté des gens. Autrement, comment m'aurais-tu supporté toutes ces années?

— Paul...

— Tu connais mes sentiments pour toi...

— Paul, il est inutile de poursuivre la conversation sur cette voie.

— J'ai changé, Eden.

Elle remarqua alors qu'il avait les yeux brillants et les joues légèrement empourprées, comme s'il détenait un secret qu'il était seul à connaître. Soudain, elle perdit patience et reposa sa serviette en papier sur le comptoir avant de descendre de son tabouret.

— Où vas-tu ? s'étonna Paul en se saisissant de son bras.

— Mes malades m'attendent.

— Tu n'as même pas terminé ton sandwich.

— Je n'ai plus faim.

— Mais je ne veux pas que tu partes.

Eden se prépara à se dégager d'un geste brusque s'il le fallait.

— Lâche-la immédiatement, Kirby, résonna la voix de Cameron derrière elle.

Paul fusilla l'intrus d'un regard noir, et suivit des yeux la main protectrice qu'il posait sur l'épaule d'Eden.

— Lâche-la, répéta Cameron avec autorité.

Paul s'exécuta aussitôt. Instinctivement, Eden chercha refuge dans la force de Cameron et recula vers lui.

— Personne ne veut de toi dans cette ville, Felton, souffla Paul au comble de la fureur. Les gens désapprouvent totalement ce que tu essaies de faire.

— Ils ne sont même pas au courant de mes projets. Ils ne connaissent que tes mensonges ignobles.

— Cameron, intervint Eden, affolée par l'animosité qui jaillissait entre les deux hommes. Pas de scandale, je t'en supplie.

— Un bon coup de poing suffira, rétorqua Cameron sans quitter son ennemi des yeux.

— Cameron, partons, je t'en supplie.

— Pour te faire plaisir, approuva-t-il enfin.

Eden ramassa à la hâte sa trousse, oubliant la raison de sa présence chez le pharmacien, et se tourna vers Cameron. Doucement, il lui prit le bras et lança un dernier regard meurtrier en direction de Paul.

— Je t'interdis d'approcher Eden, dorénavant.

Dehors, sur le trottoir, Eden se mit à frissonner malgré la chaleur. Ils se regardèrent longuement, cherchant l'un et l'autre les mots justes pour effacer les reproches amers qu'ils s'étaient lancés lors de leur dernière rencontre.

— Je regrette, dirent-ils à l'unisson.

— Je me suis très mal conduit avec toi, ajouta Cameron. Suis-je pardonné?

— Tu avais raison, avoua Eden. J'avais peur.

— Quand même, je n'avais pas le droit de...

— Cameron, après ton départ, je me suis enfin formulé les questions que j'aurais dû me poser depuis longtemps.

L'inquiétude aviva le regard de son compagnon. Avait-il été trop loin? Avait-elle décidé d'enterrer le passé et ses sentiments avec?

Elle battit des paupières.

— Je ne peux pas rivaliser avec les femmes belles et sophistiquées que tu as connues.

— Le faut-il absolument? T'imagines-tu, parce que j'ai de l'argent, que ma vie n'est qu'une longue suite de soirées mondaines et de liaisons tapageuses?

— Comment veux-tu qu'il en soit autrement? Chaque fois que j'ai lu ton nom dans les journaux, il était associé à celui d'une belle aventurière.

— Les femmes dont tu parles recherchent la gloire et l'argent à travers les hommes qu'elles fréquentent. Les journaux n'ont pas une seule photo de celles avec lesquelles j'ai eu des relations de qualité depuis douze ans.

— Ont-elles... ont-elles été nombreuses?

— Non.

L'intensité de son regard souhaitait la convaincre.

— Ton introspection de la nuit dernière a-t-elle soulevé en toi d'autres inquiétudes?

— Oui. Etre avec toi...

Elle prit une profonde inspiration avant de continuer.

— ... te désirer, tout cela me plonge dans une profonde insécurité.

L'émotion étreignit Cameron. Il retrouvait l'Eden honnête et franche qu'il avait connue.

— Pourquoi? murmura-t-il.

— Parce qu'en ta présence, je ressens des émotions que j'ai gardées enfouies très longtemps.

— Est-ce aussi grave? demanda-t-il.

Il vit les lèvres d'Eden s'étirer en un sourire doux et chaleureux, ce sourire dont le souvenir l'avait aidé à tenir dans les moments les plus difficiles de son existence. Alors, n'hésitant plus, il l'embrassa au vu et au su de tout le monde. Et Eden lui rendit son baiser.

Quand ils se séparèrent, leurs cœurs battaient comme celui de deux adolescents.

— Docteur Scott, demanda timidement Cameron, voulez-vous dîner avec moi ce soir?

— Volontiers, monsieur Felton...

*
**

Cameron l'invita au Manoir, un des restaurants les plus élégants de Dallas. Ils passèrent une soirée idyllique, avec l'impression de vivre un conte de fées. Ils rentrèrent à McCauley sous un ciel étoilé qu'éclairait une pleine lune magnifique. Cette fois, Eden ne souleva aucune objection quand la limousine se gara devant chez elle.

— Je donnerais cher pour lire dans tes pensées, dit Cameron en s'accoudant sur le dossier, derrière elle.

Son bras glissa sur les épaules d'Eden, et il la serra contre lui.

— Comment te sens-tu?

— Bien. Seulement un peu fatiguée. Je n'ai pas beaucoup dormi, la nuit dernière.

— Veux-tu me faire partager le fruit de tes réflexions?

Eden garda quelques instants le silence.

— Disons que j'ai rattrapé en une nuit la maturité qui me faisait défaut.

— Et?

— Et que j'ai décidé de ne plus me cacher.

Il fronça les sourcils tout en repoussant une mèche de cheveux sur son front.

— Malgré tout l'amour que je porte à ma carrière, continua Eden, je m'aperçois qu'elle me fournissait un prétexte commode pour ne pas vivre ma vie de femme et nier mes besoins.

Du revers de la main, elle lui caressa tendrement la joue.

— Je suis heureuse que tu sois revenu et je ne veux plus que tu partes. Je veux être avec toi.

Lentement, Cameron expira l'air qu'il retenait prisonnier dans ses poumons.

— J'ai attendu tellement longtemps que tu prononces ces mots, Eden...

— Je suis même heureuse que tu aies racheté les usines Kirby, ajouta-t-elle avec sincérité.

Cameron sourit.

— Tu es sans doute la première de tout McCauley. C'est un début...

— .Tôt ou tard, Cameron, les gens se rendront compte de tes efforts pour sauver l'usine.

— J'aimerais en être aussi sûr, soupira-t-il.

— As-tu parlé à Randall Ford? Il peut peut-être quelque chose contre Kirby, légalement?

— Mon groupe s'est déjà occupé de ces détails. A moins que Paul me menace personnellement ou crée des dégâts matériels à l'usine, j'ai les mains liées.

— Que vas-tu faire?

— Jusqu'à aujourd'hui, je me suis efforcé de montrer à tes concitoyens que je ne cherche qu'à les aider. Pour être honnête, je ne pense pas avoir très bien réussi.

— Cameron?

— Mmh? répondit-il, plongé dans ses pensées.

— Te souviens-tu du pique-nique que le père

de Paul organisait tous les ans pour la fête du quatre juillet ? Cette tradition n'existe plus depuis que Paul a repris la direction de la société.

— Où veux-tu en venir ?

— Quel meilleur moyen de rassembler tout le monde qu'un pique-nique le jour de la Fête de l'Indépendance ?

Saisissant l'allusion, Cameron hocha pensivement la tête.

— Eden, s'exclama-t-il, tu es non seulement la plus belle des femmes, mais tu as des idées... — il lui embrassa le bout du nez — ... géniales !

— Il ne nous reste plus beaucoup de temps pour tout préparer. Moins d'une semaine. Puis-je me rendre utile ?

— Te rendre utile ! A nous deux, nous allons organiser la plus grandiose des fêtes que ce pays aura jamais vues ! Cette journée sera inoubliable !

*
**

— Comment se porte la meilleure doctoresse et la meilleure organisatrice de pique-niques du Texas ?

Cameron se tenait sur le seuil du bureau d'Eden. Les manches relevées de sa vieille chemise écossaise révélaient un bronzage parfait.

— Aussi bien que puisse se porter une femme surmenée pendant que tu parcours la moitié de l'état à la recherche de feux d'artifice ! répondit-elle avec malice.

— Mais acheter des pétards et des fusées est

si amusant, protesta-t-il, avec l'ingénuité d'un enfant de huit ans.

— Certainement plus que de contacter les traiteurs, les musiciens et...

Eden s'arrêta soudain, et s'accouda à son bureau, le menton entre les mains.

— Qu'allons-nous faire s'il pleut?

— Le ciel n'osera pas nous jouer ce tour-là.

Eden sourit. Depuis quatre jours, ils apprenaient à partager leurs sentiments, parfois avec un sérieux touchant, souvent avec des rires et des taquineries sans fin. Cameron lui faisait la cour, à la manière ancienne, et Eden lui vouait pour cela une adoration sans bornes. Leur intimité ne dépassait pas le stade des baisers tendres et enflammés. Mais ils savaient tous les deux qu'il ne s'agissait que d'une question de temps. L'attente ne ferait qu'embellir le moment où ils cèderaient tous deux à leur désir.

— Que fais-tu là au beau milieu de l'après-midi? continua-t-elle de l'interroger. D'ailleurs, vas-tu entrer ou rester sur le seuil?

— J'ai chargé des centaines de bidons de pétrole dans la camionnette. Je ne voudrais pas empester ton bureau.

— Pourquoi as-tu besoin de pétrole?

— Avec le contremaître de l'usine, nous avons brûlé les hectares de mauvaises herbes derrière l'usine. Nous manquions de combustible et je suis donc venu en ville me réapprovisionner. Mais je ne peux malheureusement pas rester. Notre rendez-vous tient-il toujours pour ce soir?

— Absolument.

— Je te promets d'être présentable.

— Tu n'es pas si affreux ainsi.

A vrai dire, elle appréciait même son allure et trouvait quelque chose de très séduisant à son aspect.

— Vous ne me trouvez pas l'air surmené, docteur? demanda-t-il d'un ton larmoyant.

Elle secoua la tête.

— Non. Bien sûr, il est difficile de se prononcer sans un examen en profondeur...

A ces mots, Cameron entra et referma la porte derrière lui. En quelques secondes, sa chemise disparut, laissant exposé au regard d'Eden une large poitrine bronzée.

— Vos désirs sont des ordres, docteur.

Eden s'avança vers lui, hypnotisée. Elle effleura du bout des doigts la peau dorée tendue sur les muscles. Elle sentit les battements de cœur de Cameron s'accentuer.

— Alors, quel est votre diagnostic? demanda-t-il dans un souffle.

— Un peu de tension, pouls rapide, respiration oppressée. Avec un bon traitement, vous vous remettrez peut-être.

— Que me recommandez-vous?

— Un dur labeur, et beaucoup d'humilité.

— Cela fait longtemps qu'il ne m'est pas arrivé d'être humble. Comment serai-je récompensé si je suis votre conseil?

Un doigt aventureux s'insinua dans la toison épaisse de sa poitrine.

— Mes patients les plus sages ont droit à un bonbon.

— Je ne me sens pas sage du tout, Eden, répondit Cameron, cessant de jouer la comédie. Et si je ne pars pas d'ici tout de suite, je m'engage à te le prouver...

*
**

La camionnette rouge s'arrêta dans le parking de l'usine. Cameron venait de nouer un foulard rouge autour de son front quand Wayne Byers, le contremaître, vint le rejoindre. Wayne était le seul employé de l'usine qui ait accordé sa confiance à Cameron.

Les deux hommes commençaient à décharger les bidons de pétrole quand la décapotable de Paul Kirby s'arrêta dans un crissement de pneus non loin d'eux.

— J'ai à te parler, Felton, lança-t-il en claquant sa portière.

— Je t'écoute, répondit Cameron en continuant à décharger.

— En privé.

— Tu n'as rien à me dire qui ne puisse être dit devant Wayne, remarqua Cameron.

— Je veux racheter mon usine.

— La mienne, tu veux dire. Avec quel argent?

— Je vais contacter quelques investisseurs...

— Reviens me trouver quand tu les auras.

— Compte sur moi. Je veux seulement m'assurer que tu ne vas pas faire de tort à l'usine avant que je puisse la récupérer.

Cameron posa lentement deux bidons par

terre et s'essuya le front du revers du poignet. Puis, les poings sur les hanches, il regarda Paul droit dans les yeux.

— Tu es ridicule, Kirby. Tu ferais mieux de partir avant de dire quelque chose que nous regretterons tous les deux.

— C'est toi qui es ridicule, Felton, si tu penses que je vais me laisser voler sans réagir !

— Te voler ? Personne ne t'a volé, Kirby. A cause de ta mauvaise gestion, l'usine a failli fermer ses portes. Maintenant, pars avant que je te mette moi-même dehors.

— Je voudrais bien voir ça ! le provoqua Paul.

Cameron se tourna vers Wayne Byers.

— Appelez le shérif et dites-lui qu'un intrus nous cherche querelle.

Le contremaître s'esquiva sans demander son reste.

— C'est toi l'intrus, Felton ! s'emporta Paul en serrant les poings. Tu n'as rien à faire dans cette ville ! Si tu savais combien je te hais ! Tu t'es toujours débrouillé pour être le meilleur. Et comme si cela ne te suffisait pas, il a fallu que tu me prennes Eden !

Byers revint au moment où Paul criait à pleins poumons :

— Sans toi, maintenant, Eden dormirait dans mon lit, au lieu du tien !

Paul était allé trop loin. D'un direct du gauche, Cameron l'envoya mordre la poussière. Puis, écumant de rage, il le domina de toute sa hauteur.

— Relève-toi, espèce de lâche. Rien ne me ferait plus plaisir que de te casser la figure une bonne fois pour toutes ! Et si tu prononces une seule fois encore le nom d'Eden, ajouta-t-il en le prenant par le col de la chemise pour le remettre debout, je te tue.

Sans demander son reste, Paul s'enfuit à toutes jambes jusqu'à sa voiture. Cameron croisa le regard empreint de sollicitude de son contremaître.

— Jamais je n'aurais cru M. Kirby capable de vous parler sur ce ton, murmura Wayne. A vous ou à quelqu'un d'autre. Pendant un instant, j'ai cru que vous alliez le tuer.

Cameron redressa le foulard rouge autour de son front et tapota l'épaule de son employé avec reconnaissance. Au moment du conflit, Wayne avait su montrer de quel côté allait sa loyauté.

— Paul ne vaut pas la cartouche pour le descendre, marmonna Cameron encore tremblant de colère. Depuis qu'il a repris la direction, il alimente ses paris aux courses et son goût pour les femmes faciles grâce aux caisses de l'usine, sans une seule pensée pour ses employés. Une société ne peut prospérer quand il faut qu'elle éponge les dépenses en chevaux et en femmes de son propriétaire.

Regrettant d'avoir trop parlé, Cameron posa la main sur le bras du contremaître.

— Je vous saurais gré de garder ce que je viens de dire pour vous, Wayne. Maintenant, vous pouvez disposer.

Wayne se balança d'un pied sur l'autre en tortillant sa casquette entre ses mains.

— Je voulais vous dire, patron..., commença-t-il avec difficulté. Les hommes se liguent contre vous. Et ce soir... ce soir, il y a une réunion.

— Suggérez-vous que je m'y présente et que je leur parle?

— Certainement pas!

— Alors quoi d'autre?

— Je ne sais pas, répondit le contremaître avec un haussement d'épaules ennuyé. Je voulais seulement que vous sachiez que ce ne sont pas des mauvais bougres, monsieur. Simplement, ils ont des familles à nourrir, des factures à payer.

— Pourquoi me dites-vous cela, Wayne?

Le contremaître hésita quelques secondes avant de répondre.

— Parce que tout à l'heure, quand vous m'avez parlé de M. Kirby, vous m'avez demandé de garder cela pour moi. J'ai trouvé chic que vous ne profitiez pas de la situation pour noircir son nom.

Sur ces mots, Wayne Byers lui tendit la main et Cameron la lui serra chaleureusement.

— Je suis fier de travailler pour vous, M. Felton.

— Merci.

Le contremaître s'en alla au moment où arrivait le shérif. Cameron expliqua brièvement à Randall l'incident, et lui demanda d'effectuer deux ou trois rondes dans la nuit à l'usine. Randall accepta sans hésitation et les deux hommes se quittèrent en promettant de se retrouver au pique-nique.

*
**

Eden avait un pied dans la baignoire quand le téléphone sonna.

— C'est moi, dit Cameron à l'autre bout du fil. Je n'étais pas certain de te trouver chez toi.

— Mon dernier patient s'est décommandé.

Eden entendait des bruits étranges dans le combiné, et ne savait comment les identifier.

— Cameron, où es-tu? demanda-t-elle avec perplexité.

— A l'aéroport de Love Field, prêt à prendre l'avion pour Houston. Ecoute, ma chérie...

— Houston? Mais nous devions nous retrouver ce soir!

— C'est vrai. Enfin, c'était vrai. Je préférerais être avec toi ce soir plutôt que partout ailleurs sur la planète, mais une affaire urgente réclame ma présence là-bas.

— Cameron, le pique-nique est pour demain. Quand rentres-tu?

— Ne t'inquiète pas, mon amour. Il faudrait un tremblement de terre pour m'empêcher d'être là. Je n'ai pas le temps de t'expliquer davantage. Eden, je te demande de me faire confiance. A mon retour, j'espère qu'une grande partie de mes... de nos problèmes aura trouvé sa solution. Eden, je...

Le reste de sa phrase se perdit dans le rugissement d'un moteur d'avion. Puis la ligne fut coupée.

*
**

Essoufflé, Cameron se laissa tomber dans son siège et boucla sa ceinture. Se laissant aller contre le dossier confortable du jet des Texas Airlines, il soupira de satisfaction. Il ne se souvenait pas d'avoir jamais été aussi enthousiaste à propos de ses affaires. Si tout se passait comme prévu, avant demain soir, l'usine ne lui appartiendrait plus. Elle serait la propriété de ses ouvriers et de la ville de McCauley. Il fallait absolument que ce projet arrive à terme et Cameron était prêt à tout donner de lui-même pour garantir son succès. Pour Eden, et pour la ville.

Un sourire étira ses lèvres lorsqu'il repensa au coup de téléphone qu'il venait de donner à Eden. Elle allait terriblement lui manquer pendant ces quelques heures de séparation. Quelle drôle d'idée de lui avoir dit qu'il l'aimait au téléphone! Mais il n'avait pas pu garder cela plus longtemps pour lui. Sa déclaration manquait de romantisme, mais il se rattraperait en rentrant à la maison.

A la maison...

Avec un sursaut, Cameron s'aperçut qu'il se sentait des liens profonds avec la ville qu'il croyait haïr. Qu'avait dit Eden, le premier jour? Elle avait parlé de racines, de liens avec le passé... Etait-ce ce qu'il recherchait?

Cameron savait qu'il aimait Eden, et désirait vivre avec elle. Pouvait-il lui demander de quitter McCauley? De renoncer à sa carrière? Son amour était-il assez fort pour qu'elle consente à ce sacrifice ?

Mais lui-même ? Qu'était-il prêt à sacrifier pour l'amour d'Eden ? Aurait-il la force de revenir vivre sur les lieux de son enfance, de se rappeler les souvenirs douloureux de son père et de leurs difficultés ? Si Cameron ne pouvait pas vivre à McCauley et qu'Eden ne pouvait se résoudre à partir, qu'adviendrait-il de sa vie ? Le spectre de douze années solitaires et sans amour revint le hanter et la ronde des questions reprit dans son esprit. Eden et lui pourraient-ils vivre heureux à McCauley ? Jusqu'à tout à l'heure, il aurait sans hésitation répondu par la négative. Maintenant, il n'était plus très sûr...

*
**

Six heures sonnèrent à l'horloge du vestibule quand Eden se versa une troisième tasse de café et commença à étaler du miel sur sa tartine. Elle avait passé une nuit agitée à s'inquiéter pour Cameron. Le dernier coup d'horloge se mêla à la sonnerie de la porte d'entrée. Serrant la ceinture de son peignoir, elle se passa une main dans les cheveux et alla ouvrir. La lumière du soleil matinal nimbait la silhouette de Cameron.

— Tu m'as manqué, dit-il aussitôt.

Il entra et referma la porte derrière lui. Avant qu'Eden n'ait le temps de sourciller, il la prenait dans ses bras et l'embrassait passionnément.

Il lâcha sa veste qui tomba sans bruit sur le carrelage du vestibule, libérant ses mains qu'il destinait à des occupations plus agréables.

Les bras d'Eden se nouèrent autour de son cou et elle enfouit les mains dans ses cheveux bouclés. Un désir brûlant coulait dans ses veines, évinçant toutes ses autres préoccupations. Cet homme, maintenant si doux et si juste, occupait tout son univers.

— Oh ma chérie, tu m'as tellement manqué, souffla-t-il en couvrant son visage de baisers.

— Toi aussi, répondit-elle en l'inondant de caresses tendres.

— Vraiment?

Du bout de la langue, il cueillit une goutte de miel au coin de sa bouche.

Les yeux fermés, Eden abandonna toute pensée rationnelle tandis que Cameron lui baisait les paupières, l'une après l'autre, avec une infinie douceur.

— Tu me rends fou de désir... murmura-t-il d'une voix rauque.

En Eden, une fissure déchira le barrage derrière lequel elle retenait ses émotions. Alanguie, elle décida de ne pas résister à l'émoi qui montait en elle.

Le peignoir de tissu éponge s'ouvrit lentement, exposant une chemise de soie et de dentelle couleur de peau dorée. Doucement, les mains de Cameron épousèrent la forme arrondie de ses seins. Eden sut à cet instant que le miracle du temps allait s'accomplir, et qu'ils retrouveraient la magie de leurs premières amours.

Quand elle s'arqua contre lui avec un petit gémissement de félicité, les mains de Cameron descendirent se poser sur ses hanches. Puis il prit à nouveau possession de ses lèvres.

— Eden, Eden, Eden, souffla-t-il en posant le front contre le sien. Je n'avais qu'une hâte, revenir vers toi. Mais si tu n'es pas prête, j'attendrai encore...

Il recula au prix d'un immense effort et Eden vacilla, privée de sa chaleur.

— Reviens, murmura-t-elle. Ne t'arrête pas.

— Je ne désire rien de plus que te prendre dans mes bras, monter cet escalier et t'aimer jusqu'à ce que tous les souvenirs du passé soient remplacés par de multiples promesses d'avenir. Mais avant cela, il faut assumer le présent.

Nerveusement, il se passa la main dans les cheveux.

— Eden, je vais fermer l'usine.

Chapitre 8

— Tu vas...

Les yeux écarquillés, en proie à la confusion la plus extrême, Eden le dévisagea sans oser comprendre.

— Eden, ne me regarde pas ainsi ! J'ai essayé à plusieurs reprises de te préparer à cette éventualité.

Comme frappée par la foudre, elle recula d'un pas. C'était impossible, elle devait vivre un cauchemar.

— Eden, écoute-moi... tenta de la raisonner Cameron en tendant la main vers elle.

— Tais-toi ! cria-t-elle en reculant à nouveau.

Cameron étouffa un juron.

— Je suis idiot, aussi. Pourquoi n'ai-je pas commencé par le commencement ? grommela-t-il. Je suis tellement fatigué que j'en deviens stupide.

Encore sous le choc, Eden remarqua seulement le désordre de sa tenue et l'absence de cravate.

— Ma chérie, il faut me pardonner, plaida-t-il. J'ai parlé toute la nuit avec des avocats et des comptables. Et j'ai quand même réussi à ne penser qu'à toi tout ce temps. Il faut que nous parlions. Si je n'avais pas été aussi épuisé, je t'aurais d'abord annoncé les bonnes nouvelles.

— Bonnes? Que peut-il y avoir de bon puisque l'usine doit fermer?

— Tout simplement parce qu'aussitôt après, l'usine va rouvrir, mais avec une nouvelle direction.

— Une nouvelle...

— Je vends les usines Kirby, et je puis te garantir que les nouveaux propriétaires ne fermeront jamais ses portes.

— Je ne comprends pas. Tu viens de...

— ... de tout gâcher, certes, tu peux le dire.

Avec lassitude, Cameron se massa la nuque.

— Il faut que je reprenne tout depuis le début. Mais si je n'avale pas tout de suite un café, je vais m'écrouler, dit-il d'un ton suppliant.

Quelques moments plus tard, une Eden calmée entrait dans le salon avec deux tasses et quelques toasts grillés. Cameron était déjà affalé dans le canapé. Il lui fit signe de venir s'asseoir à côté de lui.

— Tu es allé à Houston pour vendre, n'est-ce pas? attaqua-t-elle d'un ton accusateur.

Cameron but deux gorgées et reposa sa tasse sur le plateau avant de lui prendre la main.

— Hier, j'ai appris que les ouvriers allaient tenter de faire appel aux instances judiciaires pour m'évincer. Je n'ai guère été surpris. Cette nouvelle m'a plutôt donné une idée. Et plus j'y pensais, plus elle me paraissait intéressante.

— Quelle était cette idée?

— L'autogestion.

— L'autogestion?! Tu veux dire le rachat par les ouvriers de leur entreprise?

— Exactement. Cet après-midi, au pique-nique, je vais offrir aux employés de l'usine la possibilité d'acheter cent pour cent des parts.

En voyant l'ahurissement d'Eden, Cameron ne put s'empêcher de sourire.

— Voilà ce que tu voulais dire en prétendant que les nouveaux propriétaires ne fermeraient jamais les portes de l'usine!

— Exactement. Il faudra le faire un ou deux jours, mais seulement le temps de signer les documents nécessaires, faire l'inventaire etc.

Cameron s'étira les jambes et bâilla longuement, le temps pour Eden de se ressaisir.

— Cameron, je regrette d'avoir tiré des conclusions aussi rapides.

— C'est de ma faute, je n'aurais jamais dû t'annoncer la nouvelle aussi brutalement.

— Tu étais fatigué.

Il l'embrassa tendrement.

— Ma seule excuse, c'est de t'avoir embrassée. A partir de ce moment, j'ai perdu la tête.

Eden plongea les yeux dans les siens.

— Tu es vraiment quelqu'un, Cameron Felton, murmura-t-elle.

— Ah? Quelqu'un comment?

— Quelqu'un de merveilleux.

Il s'empara de sa main et déposa un baiser au creux de sa paume. Puis il laissa retomber son bras avec un grognement découragé.

— J'ai mal partout et mes paupières pèsent une tonne, gémit-il. Te reste-t-il encore un peu de café?

— Je vais en refaire.

— Tu es un ange du paradis.

Le sourire de Cameron lui alla droit au cœur.

— Reprendras-tu quelques toasts? appela-t-elle de la cuisine, quelques secondes plus tard.

Pas de réponse.

— Cameron?

N'entendant toujours rien, elle passa la tête dans l'entrebâillement. Il s'était endormi! Avançant sur la pointe des pieds, elle le contempla un instant. Un nuage gris ombrait ses joues et des cernes profonds lui creusaient les yeux. Mais pour elle, il restait l'homme le plus beau de la création...

*
**

— Combien de temps ai-je dormi? demanda-t-il en entendant Eden entrer dans la pièce.

— Quatre heures.

— Dieu du ciel! Il faut que nous soyons au pique-nique dans...

— Quarante cinq minutes exactement, l'informa-t-elle. Tu as juste le temps de rentrer au motel, de te doucher et de te changer.

Se frottant le visage à deux mains, Cameron poussa un gémissement qu'il suspendit dès qu'Eden entra dans son champ de vision. Elle avait l'air d'avoir dix-sept ans...

— Tu es exactement telle que le jour où je t'ai vue pour la première fois, murmura-t-il.

Elle haussa les épaules en riant.

S'approchant d'elle, il prit la masse de ses cheveux entre ses mains et y plongea le visage. Ils sentaient le soleil et les fleurs des champs. Lentement, ses lèvres descendirent le long de son cou gracile, tandis qu'il inspirait profondément son parfum délicat. Un délicieux picotement fit frissonner Eden.

— Cameron... nous allons... être en retard, dit-elle d'une voix entrecoupée de petits soupirs.

— Un baiser et nous partirons.

— Je ne pense pas que...

Il ne lui laissa pas le temps de protester davantage et couvrit sa bouche de la sienne. Eden cessa alors de penser. Comment aurait-elle pu continuer à réfléchir alors qu'il l'embrassait comme si ce baiser était le premier et le dernier de l'histoire du monde? Flottant sur un nuage de délices et de volupté, elle s'abandonna contre lui.

— Si nous continuons sur cette voie, murmura-t-il à son oreille, nous n'arriverons jamais au pique-nique. Il faut que je parte, Eden...

Les yeux brillant de passion, elle approuva néanmoins d'un hochement de tête.

— Oui, c'est plus sage.

— Ne me regarde pas comme cela.

— Comment?

— Comme si tu voulais me dévorer vivant.

Il mourait d'envie de l'embrasser encore, mais il savait qu'un autre baiser signerait leur perte à tous les deux. La journée promettait d'être longue jusqu'au soir...

*
**

— J'ai l'impression d'avoir à nouveau dix ans.

— C'est justement ce qui est drôle dans les courses en sac à deux.

— Nous allons finir par nous étaler de tout notre long.

— Pas si tu restes calme. Mets ton bras autour de ma taille.

— Ça, je veux bien.

— Cameron, veux-tu rester décent, s'il te plaît !

— Rabat-joie...

*
**

— Ta queue de cheval est toute mouillée.

— Et toi, tu as les lèvres toutes bleues. C'est affreux.

— Tu es furieuse parce que ton équipe a perdu. Je n'y peux rien si les hommes sont meilleurs nageurs.

— Au moins, nous avons gagné le relais à la brasse papillon.

— Seulement parce que nous l'avons bien voulu !

*
**

— Cameron, tu ne vas tout de même pas manger tout cela !

— Veux-tu parier?
— Combien de hot-dogs as-tu commandés?
— Trois. Je suis en pleine croissance, tu sais.
Il essayait de tenir son assiette surchargée d'une main, et d'étaler de l'autre une couverture sous un chêne.
Un peu en retrait, ce lieu leur offrirait la retraite idéale pour le déjeuner, loin du bruit et de l'animation de la fête.
— Tiens-moi ceci.
Lui tendant son assiette, elle lui prit la couverture des mains.
— Hé! J'y étais presque! protesta-t-il.
— Oui, mais dans combien de temps encore?
— Eden, tu me vexes, bouda-t-il avec une moue enfantine.
— Excuse-moi, mais j'ai très faim.
En deux minutes, la couverture écossaise fut étalée sur l'herbe et Eden adossée contre le large tronc.
— Je suppose que tu es fière de toi?
— Oui. Je t'en prie, assieds-toi.
Une assiette en équilibre dans chaque main, il s'agenouilla à côté d'elle et lui déroba un baiser.
— Cameron, tiens-toi bien ou je choisirai un autre coéquipier, tout à l'heure.
— Pour le jeu où il faut tenir une orange en équilibre sur son menton?
— Exactement.
Il s'installa confortablement à côté d'elle et engloutit à la vitesse de l'éclair son premier hot-dog. Aussitôt, il attaqua le deuxième tout en observant la fête entre deux bouchées.

— Tout le monde s'amuse, je crois.

Eden connaissait l'importance que revêtait cette journée pour Cameron. Il voulait que tous en gardent un souvenir inoubliable, surtout de la fin. Il avait décidé d'annoncer la mise en vente des actions aux employés juste avant le feu d'artifice. D'ici là, tout le monde serait rassasié, détendu et ouvert à sa suggestion. Eden pria le ciel que tout se passe bien.

Il la surprit en train de le regarder.

— Je croyais que tu avais faim?

— C'est vrai, souffla-t-elle en continuant de le dévisager.

Avec un sourire, il posa son assiette et saisit le hot-dog dans celle d'Eden. Quand il l'approcha de la bouche de la jeune femme, elle entrouvrit les lèvres et mordit dans le pain croustillant. Une goutte de moutarde tomba sur sa cuisse. Mais alors qu'elle allait l'essuyer avec sa serviette en papier, Cameron lui immobilisa le bras.

— Non! Laisse-moi faire...

Sans lui laisser le temps de réagir, avec une lenteur calculée, il cueillit la goutte de moutarde au bout de son doigt. Sous l'intensité de son regard, Eden se figea, se laissant envahir par la vague de sensations délicieuses que ce geste, pourtant bien innocent, avait éveillées en elle. Son cœur battait à tout rompre et elle sentit sa gorge se dessécher.

Fasciné, Cameron la contempla un instant. Les paupières mi-closes, elle respirait une sensualité trop longtemps bridée. Elle avait les joues empourprées, les lèvres entrouvertes, et ressemblait à un ange descendu tout droit du ciel pour lui ravir son cœur. Mais jamais ange n'avait été aussi féminin et délicat. Il la désirait tant qu'il aurait volontiers accepté de donner sa vie pour connaître le plaisir de la posséder. Mais éveiller sa sensualité n'était rien en comparaison du plaisir qu'il prenait à raviver son amour.

— Regarde-moi, Eden.

Elle rouvrit lentement les yeux.

— Me désires-tu ?

— Comment peux-tu seulement me poser la question ?

— Parce que je veux être sûr que tes sentiments pour moi ne sont pas seulement une illusion que tu aurais conservée depuis l'adolescence. Je puis éveiller le désir dans ton corps, mais il me faut plus que cela. Nous ne sommes plus des enfants. J'ai besoin de savoir...

— Que je suis moi aussi sûre de moi ? termina-t-elle pour lui.

— Oui.

— Si ce que je ressens n'est pas seulement... physique ?

— Oui.

— Je puis te rassurer tout de suite sur ce point.

— Alors pourquoi n'as-tu jamais...

— Parce que je n'ai jamais désiré personne d'autre que toi, répondit-elle, devançant sa question. Parce que je t'aime...

Cameron eut l'impression que son cœur s'arrêtait de battre. Pendant douze ans, il n'avait pas cessé de rêver qu'elle l'aimait comme au premier jour, mais il avait toujours craint secrètement que ce rêve ne se réalise jamais. Elle venait d'en faire une réalité et il éprouvait un bonheur indicible.

— Tu... tu m'aimes, de nouveau, murmura-t-il, comme s'il redoutait encore de voir s'éteindre sa joie fragile.

Un sourire qui aurait fait pâlir d'envie la Joconde effleura les lèvres d'Eden.

— Je t'aime encore, tu veux dire. Depuis tout ce temps.

— Oh Eden...

Il se pencha pour effleurer ses lèvres. Ce n'était pas un baiser, plutôt une promesse. La promesse de tout ce qu'ils pouvaient partager de rêves et de bonheur dans les années à venir.

— Comme j'aimerais que la soirée prenne fin, murmura-t-elle quand il mit fin à sa caresse légère.

— Moi aussi. Je voudrais que nous soyons déjà à la maison.

— Ton discours...

— Je sais, il faut rester.

— Combien de temps après pouvons-nous...

— Chut, tais-toi, dit-il en posant un doigt sur ses lèvres. Tu me rends fou...

Eden rosit et Cameron secoua la tête avec incrédulité.

— Tu as vu probablement plus de corps nus que la plupart des femmes, et pourtant tu rougis comme une jeune adolescente.

— Je crois qu'il vaut mieux revenir à notre pique-nique, Cameron, suggéra-t-elle en posant la main sur son bras. D'ailleurs, nous avons promis de tenir le stand de barbe-à-papa pendant une heure.

— Mon Dieu, c'est vrai! Le faut-il absolument?

D'un seul mouvement souple, il se leva et aida Eden à en faire de même. Ils entreprirent ensuite de ranger les reliefs de leur pique-nique.

— Nous n'avons presque rien mangé, soupira la jeune femme. Et maintenant, tout est froid. Nous avions autre chose à penser...

— Nous avons toujours autre chose à penser, mais cela devra attendre, dit Cameron avec un sourire suggestif.

*
**

Quand leur tour de service au stand de barbe-à-papa toucha à sa fin, ils se regardèrent en riant. Eden avait de la confiture de framboise sur le nez, et Cameron des fils de sucre plein les cheveux.

— Combien de temps nous reste-t-il? demanda-t-il.

— Un quart d'heure.

Devant sa grimace, Eden pouffa de rire.

— Si tu allais répéter ton discours? suggéra-t-elle, prenant pitié de lui. Je peux m'en sortir toute seule maintenant.

— Ce n'est pas un discours, rectifia-t-il. Je ne dirai pas plus de quelques mots.

— Alors va répéter tes quelques mots, insista-t-elle.

— C'est déjà fait.

— Si tu les répètes encore, tu eviteras peut-être d'avoir le trac.

Eden avait remarqué qu'à mesure que l'heure tournait, la nervosité de Cameron grandissait.

— Seras-tu au premier rang? demanda-t-il avec anxiété.

— Où veux-tu que je sois? répondit-elle avec un haussement d'épaules.

Puis, résolument, elle le poussa hors du stand.

— Au fait! s'exclama-t-il en lui résistant. Ce discours serait peut-être mieux accueilli s'il était prononcé par toi!

— Ôte-toi tout de suite cette idée de la tête, Cameron. Ceci est ton affaire. C'est à toi que dois revenir tout le bénéfice.

— Mais...

— Il n'y a pas de mais.

Cette fois, elle le poussa avec un peu plus de fermeté et referma la porte.

— Très bien, j'ai compris! grommela-t-il en boudant comme un enfant de trois ans. Mais tu regretteras de m'avoir traité aussi cruellement.

Comme il s'éloignait, un garçon d'une dizaine d'années le rattrapa en courant.

— Monsieur Felton?

— Oui?

— J'ai un message pour vous.

— De la part de qui?

— Je ne sais pas, m'sieur. Un homme m'a

payé un dollar pour vous retrouver et vous dire que vous avez reçu un coup de téléphone et que le shérif vous attend à l'usine.

— Est-ce tout ce qu'il a dit ?

— Oui, m'sieur.

Cameron posa les deux mains sur ses épaules.

— Sais-tu où se trouve le stand de barbe-à-papa ?

— Oui, m'sieur ! répondit le jeune garçon les yeux brillants.

De sa poche, Cameron sortit une pièce d'un dollar qu'il glissa dans la main du garçon.

— Va dire à la dame qui le tient que monsieur Felton a dû s'absenter et qu'il reviendra le plus rapidement possible ?

— Avec plaisir, m'sieur ! s'écria le garçonnet en s'élançant déjà.

Que pouvait bien lui vouloir Randall ? se demanda Cameron après son départ. Et pourquoi lui avait-il demandé de le retrouver à l'usine ?

Cameron hésita à appeler Harley Packard, le vigile, puis se ravisa. Si Harley faisait sa ronde, il n'entendrait de toute façon pas le téléphone. D'ailleurs, le temps de trouver un téléphone, il aurait aussi vite fait de se rendre directement sur place. Il lui restait exactement une trentaine de minutes avant de parler. Il avait amplement le temps d'effectuer l'aller et retour.

***

En quittant le stand de barbe-à-papa, Eden

s'acheta une limonade et se dirigea vers l'estrade le cœur léger. Tant de bonheur lui paraissait irréel.

Le seul nuage au cours de cette journée idyllique avait été l'instant où Cameron avait aperçu Paul dans la foule. Elle avait senti l'animosité le raidir tout entier. Les regards meurtriers qu'avaient échangés les deux hommes en disaient long sur ce qu'ils pensaient l'un de l'autre. Eden avait hâte que Cameron annonce la bonne nouvelle et que les habitants de McCauley se rendent compte qu'il n'était pas le monstre cupide que Kirby avait dépeint.

Elle chercha Cameron près de l'estrade, mais il resta introuvable. Personne ne l'avait revu depuis qu'il avait quitté le stand. En dernier recours, elle alla interroger les personnes qui préparaient le feu d'artifice. Ils ne lui furent d'aucun secours. Alors seulement commença-t-elle à s'inquiéter...

*
**

Le parking de l'usine était désert. Où donc était Randall ? Cameron s'arrêta dans un crissement de pneus devant l'entrée principale. Le petit bureau qu'occupait Harley Packard se trouvait à un angle du bâtiment. On y accédait par un couloir étroit. La vue du vieil Harley baissait, mais il était toujours intelligent et rusé comme un renard. Il était aussi l'un des seuls à accepter de bon cœur le changement de propriétaire de l'usine. Cameron aimait bien le vieil homme qui n'avait qu'un défaut, celui d'être bavard.

Il ouvrit la porte d'entrée et pénétra à l'intérieur. La radio d'Harley jouait un air de blues. Son bureau était vide. Entendant du bruit de l'autre côté de la salle de fabrication, Cameron aperçut le vieil homme aux cheveux blancs en train de faire sa ronde. Apparemment, tout était calme. Cameron faillit le prévenir de sa présence, puis se ravisa. Une conversation courte avec Harley relevait du miracle. Mieux valait retourner attendre Randall.

Dehors, le parking était toujours aussi désert. Déduisant que le shérif avait été retardé, Cameron attendit. Dix minutes. Quinze...

Il ne pouvait se permettre de patienter plus longtemps. Dans un nuage de poussière, il repartit. A cet instant, Harley l'aperçut par la fenêtre de son bureau dans lequel il venait de se rasseoir.

— Il ne s'est même pas arrêté pour dire bonjour, marmonna-t-il en se grattant la tête avec dépit.

Harvey n'était pas le seul à avoir aperçu Cameron. Quelqu'un d'autre l'épiait.

Très lentement, Paul Kirby sortit de l'entrepôt. Il y avait trouvé ce qu'il cherchait.

Un bidon de dix litres d'essence.

Connaissant l'usine comme sa poche, il se dirigea vers la salle du fourneau. Arrivé à destination, il dévissa le couvercle et commença à asperger d'essence quelques endroits stratégiques. Un geste maladroit trempa le bas de son pantalon et ses chaussures. Craignant d'éclabousser sa montre en or, il la posa sur une caisse un peu plus loin, avec sa bague, et se remit au travail.

— Tu es un idiot, Kirby.

Sursautant, Paul lâcha le bidon presque vide qui retomba par terre, et tourna sur lui-même.

— Que fais-tu ici ?

— Je viens t'empêcher de commettre une folie. Ne trouves-tu pas que la pyromanie est une manière bien infantile de se venger ?

— Peut-être, mais très efficace aussi. Personne n'aura cette usine. Je préfère la réduire en cendres plutôt que de voir qui que ce soit d'autre en profiter.

Tournant le dos à l'intrus, Paul ne vit pas le poing qui se préparait à le frapper à la base de la nuque et s'effondra d'une pièce, inconscient. Le craquement d'une allumette troubla le silence. Elle atterrit au milieu d'une flaque d'essence. Le bruit de pas qui s'éloignaient se noya dans le souffle de la combustion.

*
**

— Où étais-tu passé ? Tu commences dans cinq minutes !

Les yeux d'Eden reflétaient l'anxiété qui avait été la sienne pendant l'absence de Cameron.

— J'étais à l'usine. Je t'expliquerai plus tard. Le maire a-t-il terminé son discours ?

— Presque. Tu passes tout de suite après lui.

— Je sais, je sais.

Lui prenant la main, il l'entraîna jusqu'au premier rang et l'embrassa furtivement au moment où le maire l'annonçait à la foule. Les applaudissements polis et sans chaleur quand il monta sur scène ne durèrent que quelques secondes. Les visages étaient tendus.

— Aujourd'hui, commença Cameron, nous célébrons la Fête de l'Indépendance. L'année prochaine, nous célébrerons aussi, je l'espère, l'anniversaire du jour où l'usine aura gagné sa propre indépendance. Je pense avoir trouvé le moyen d'apaiser vos craintes et de faire de votre usine une affaire prospère. Puissent ses employés et les habitants de McCauley en bénéficier pendant de nombreuses années!

Un murmure monta de la foule, et Cameron chercha le regard d'Eden.

— Mesdames et messieurs, s'il vous plaît! cria-t-il dans le micro. Si vous voulez bien vous calmer, je vais essayer de vous démontrer que la stabilité de l'emploi n'est pas en danger à McCauley. A partir de lundi...

— Regardez!

Au milieu des spectateurs, un homme tendait le bras vers l'arrière de la scène.

— Il y a le feu!

— Où? cria quelqu'un.

Serrant un petit enfant contre sa poitrine, une femme se mit à hurler.

— Oh mon Dieu... l'usine!

Chapitre 9

– L'usine brûle!

Tout le monde se mit en mouvement en même temps. Les chaises pliantes furent renversées, piétinées; quelques cris affolés fusèrent dans un désordre indescriptible.

Cameron essaya de rétablir le calme en s'époumonnant dans le micro:

— Mesdames et messieurs, ne cédez pas à la panique! Si vous voulez bien tous vous rasseoir, nous allons...

Le mugissement d'une sirène lui coupa la parole. Il se tourna alors vers son voisin.

— Monsieur le maire, essayez de contenir la foule! Je vais voir ce qu'il se passe!

Au pied de l'estrade, Eden l'attendait. En courant, ils se frayèrent un chemin dans la foule jusqu'au parking et sautèrent dans la camionnette rouge. Quelques secondes plus tard, ils roulaient à un train d'enfer en direction de l'usine.

Au-dessus des bâtiments assaillis par les flammes, une fumée noire et épaisse obscurcissait le ciel. La camionnette s'arrêta entre deux ambulances.

Sitôt arrivé, Cameron bondit vers un pompier.

— Est-ce grave?

— Difficile de se prononcer, pour le moment. On dirait que l'incendie a éclaté à l'arrière. Le plus ennuyeux, c'est le fourneau. S'il explose, je doute que l'on puisse maîtriser le sinistre. Vous travaillez ici?

— Je suis le propriétaire. Ecoutez, dans quelques minutes, une foule de spectateurs va arriver.

— Aucun problème, nous nous en occuperons.

— Où est le vigile?

— Quel vigile? demanda le pompier interloqué. Je n'ai vu personne. Attendez un instant.

Mettant ses mains en porte-voix, il appela un de ses collègues.

— Thompson! Tes hommes ont-ils aperçu un vigile à l'intérieur?

— Non!

— Etes-vous certain que...

Mais avant que le pompier n'ait le temps de se retourner vers Cameron, celui-ci avait eu le temps d'évaluer la situation et de s'élancer vers le bâtiment. Le pompier le rattrapa quatre mètres plus loin. Il était furieux.

— S'il y a quelqu'un à l'intérieur, nos hommes se chargeront de le retrouver. Ils vérifient l'intérieur du bâtiment. Restez ici. Compris?

Une corde à l'épaule et une hache à la main, l'homme s'éloigna vers l'arrière du bâtiment. Eden pressa doucement le bras de Cameron.

— Il s'est peut-être enfui terrorisé avant l'arrivée des pompiers, tenta-t-elle de le rassurer. Nous serons bientôt fixés, Cameron. Les pompiers font cela tous les jours...

— Ils vont essayer d'atteindre le bureau d'Harvey par l'arrière, rétorqua-t-il, exaspéré, en suivant les mouvements des pompiers d'un œil attentif. Le moyen d'accès le plus rapide est l'entrée principale. Mais ils n'ont pas la clé.

Eden devina ses intentions avant qu'il ait fini de parler.

— Non, Cameron! Non!

— Monsieur! Revenez! cria simultanément un pompier.

Mais Cameron avait déjà atteint la porte d'entrée. Avec effroi, Eden le vit disparaître à l'intérieur. D'une main tremblante, elle se couvrit la bouche. *Mon Dieu, prenez soin de lui*, pria-t-elle silencieusement.

Elle n'attendit que quelques secondes avant de voir un pompier se ruer vers la porte principale tandis qu'un autre ouvrait la portière arrière de l'ambulance pour en sortir du matériel. Eden s'approcha de lui.

— Je suis médecin. Si je puis vous être utile...

Le pompier hocha la tête et Eden entreprit aussitôt de l'aider. Son regard revenait sans cesse vers l'entrée de l'usine. Une peur irraisonnée s'insinuait en elle à chaque seconde. D'une main tremblante, elle s'essuya une larme au coin de l'œil, laissant sur sa joue une traînée de suie.

Cameron. Son Cameron, l'homme qu'elle aimait plus que la vie même, se trouvait à l'intérieur de ce bâtiment en feu, blessé qui sait, ou peut-être...

Non! Tout son être se révoltait contre cette éventualité. Pas maintenant qu'ils s'étaient enfin retrouvés...!

Une fumée âcre recouvrait le parking, lui voilant parfois l'entrée. Des flammèches voletaient encore dans l'atmosphère, mais même pour l'œil inexpérimenté d'Eden, il était évident que le feu diminuait.

Les badauds étaient arrivés par grappes. Les habitants de McCauley que le pique-nique n'avait pas réussi à attirer hors de chez eux se joignaient à présent sur les lieux de l'incendie aux participants de la fête brusquement interrompue. Parmi eux, nombreux étaient ceux qui avaient vu Cameron entrer dans le bâtiment en flammes au péril de sa vie.

Ils avaient transporté avec eux l'ambiance de fête du pique-nique. Des enfants finissaient leur sucette inachevée en jouant à cache-cache parmi les adultes. Leurs parents regardaient brûler l'usine comme si ce spectacle remplaçait le feu d'artifice auquel ils n'assisteraient pas. Eden les connaissait pratiquement tous et à cet instant, elle leur voua une haine immense pour leur indifférence. Elle s'était occupée d'eux avec amour et fierté. Maintenant, leur vue la révoltait. Elle lutta contre une envie de hurler sa rage à pleins poumons.

Avec un cri étouffé, elle se retourna vers le bâtiment. Impuissante à aider l'homme qu'elle aimait, elle se contenta d'attendre en priant le ciel de le protéger.

Enfin, au bout d'une éternité, elle aperçut la tenue jaune vif du pompier à travers la fumée. Avec l'aide de Cameron, il transportait le corps inerte du vigile vers le parking.

— Comment est-il? demanda l'infirmier quand lui et Eden eurent rejoint le trio.

— Seulement groggy, je crois. Mais il a tout de même respiré des vapeurs toxiques.

Le pompier allongea Harley à terre, sur la fine couverture d'isolation thermique qu'avait déroulée l'infirmier.

— Il faut prendre sa tension, dit calmement Eden.

Mais auparavant, elle avait couvé d'un regard farouchement possessif la silhouette de Cameron. Il était noir de fumée et paraissait épuisé. Elle aurait voulu se jeter à son cou et l'étouffer de baisers. Mais le devoir l'appelait.

— Et parmi vous, y a-t-il des blessés? demanda-t-elle tout en préparant le stéthoscope.

— Non. Je crois que le feu est éteint. Il nous reste une zone récalcitrante, mais Thompson pense que...

Sans lui laisser le temps de terminer sa phrase, une explosion formidable déchira le silence. Agenouillée près de Harley, Eden sentit la terre trembler et entendit le souffle de l'incendie qui reprenait de plus belle.

Le pompier qui avait aidé Cameron à sortir

Harley courut rejoindre ses collègues. Des flammes jaillissaient sur le côté de l'usine, mais Eden ne s'attarda pas pour constater l'ampleur de ce nouveau désastre.

— Il faudra transporter Harley dès que possible, dit-elle à l'infirmier.

— Je vous aiderai.

C'étaient les premiers mots prononcés par Cameron depuis qu'il était ressorti du bâtiment en feu. Eden leva les yeux vers lui pendant que l'infirmier allait s'assurer qu'aucun des pompiers n'avait besoin de soins avant leur départ.

— Comment te sens-tu ? demanda-t-elle avec douceur.

— J'ai une migraine épouvantable, c'est tout. Harley s'en sortira, n'est-ce pas ?

— Avec beaucoup de repos, oui, je te le promets.

S'agenouillant près d'elle, il lui prit sa main libre qu'il pressa tendrement entre les siennes.

— Quand je t'ai vu entrer dans ce bâtiment en flammes... murmura-t-elle, jamais je n'ai été aussi terrifiée de ma vie. Tu as eu... un tel courage !

Tout en parlant, elle continuait de vérifier la respiration d'Harley. Il paraissait plus calme, maintenant.

Cameron baissa les yeux vers le vieux vigile.

— Harley est un de mes hommes. Il était en danger, répondit-il comme si cette explication allait de soi. Je veux connaître la cause de l'incendie, et m'assurer que les précautions nécessaires seront prises pour que pareil accident ne se reproduise jamais.

L'infirmier revint sur ces entrefaites. Il fallait transporter Harley et Eden effleura le bras de Cameron. Celui-ci s'était tourné vers le bâtiment qu'il regardait fixement, la mine sombre.

— Je pars avec Harley, Cameron, fit-elle doucement.

Eden vit bien qu'il était partagé entre l'envie d'accompagner Harley à l'hôpital, et celle de rester sur place jusqu'à ce que les pompiers aient maîtrisé l'incendie.

— Je vous rejoindrai dès que possible, finit-il par répondre.

La dernière image qu'Eden emporta de Cameron fut celle de sa silhouette élancée tournée face à l'usine, les mains dans les poches. Il avait la tête baissée.

Une heure plus tard, elle l'embrassait tendrement dans le couloir de l'hôpital. Il sentait la fumée, la poussière, mais il était vivant.

— Il va falloir que tu subisses quelques examens.

— Je vais parfaitement bien, rétorqua-t-il en lui baisant les paupières.

— Tu as besoin de repos.

— J'ai surtout besoin de toi.

— Quand tes nerfs ne te soutiendront plus, c'est un lit qu'il te faudra.

— Est-ce une proposition, docteur? demanda-t-il avec un clin d'œil malicieux, sans se soucier de ceux qui les regardaient à la dérobée.

Ils se regardaient avec une telle intensité qu'ils n'entendirent pas les pas qui s'approchaient.

— Hum!

Randall Ford venait d'arriver. Ils se tournèrent vers lui.

— Où étais-tu donc? s'exclama Cameron en glissant un bras autour de la taille d'Eden.

— En patrouille.

— On a voulu détruire l'usine.

— Je sais, rétorqua Ford, les sourcils froncés. Cameron, après ton départ, quelqu'un a remarqué une voiture cachée parmi les chênes, derrière l'usine.

— As-tu identifié son propriétaire?

Randall hocha la tête, avec une expression peinée.

— C'était celle de Paul Kirby.

Eden étouffa une exclamation.

— J'ai quelques hommes sur le lieu du sinistre, avec le capitaine des pompiers. Ils pensent qu'il s'agit d'un incendie criminel. Il y avait plusieurs bidons d'essence près de l'entrepôt. La découverte de la voiture de Paul attire les soupçons sur lui. Nous en saurons davantage dès que nous l'aurons interrogé. Ce que je compte faire aussitôt que nous l'aurons retrouvé.

Cameron lui adressa un regard interloqué.

— Oui, la voiture était vide, et il n'est pas chez lui.

— Crois-tu qu'il ait quitté la région? demanda Cameron.

— Non. Si c'est lui qui a mis le feu à l'usine, il a probablement pris peur et s'est enfui. Nous n'allons sûrement pas tarder à le retrouver.

Sur ces mots, Ford indiqua du menton la porte de la chambre d'Harley.

— Comment va le vieux? demanda-t-il.

— Mieux, répondit Eden.

— Dieu merci, soupira le shérif. Si Kirby est vraiment le coupable, il aura à répondre de ses actes, croyez-moi. S'il était arrivé quoi que ce soit au vigile...

Eden sentit Cameron frissonner de la tête aux pieds.

— Tu as intérêt à le retrouver avant moi, murmura-t-il, les mâchoires crispées.

— Doucement, l'ami. Pas de menaces. Laisse la police s'occuper de cette affaire. Où puis-je te joindre s'il y a du nouveau?

— Chez Eden, répondit Cameron en prenant le chemin de la sortie, la jeune femme à son bras.

Ils effectuèrent le trajet du retour en silence. A leur arrivée, Eden précéda un Cameron plongé dans de profondes réflexions jusqu'à la cuisine.

— Veux-tu te doucher pendant que je prépare le café, proposa-t-elle. Il y a des serviettes dans le placard.

Entre les murs familiers de la cuisine, la tenue de Cameron paraissait encore plus dévastée.

— Quels vêtements vas-tu mettre?

— Mes affaires doivent bien être rangées quelque part, suggéra-t-il.

— Peut-être... Si tu essayais ta chambre?

Restée seule dans la cuisine, Eden aurait

voulu crier, fracasser un objet contre le mur, faire n'importe quoi pour relâcher la tension intolérable dont elle était la proie. Les heures d'angoisse qu'ils venaient de vivre ne pouvaient pas se solder par ce dialogue banal. Tout paraissait si... ordinaire! Et pourtant, moins de deux heures plus tôt, Cameron aurait frôlé la mort en se portant au secours de Harley.

Il aurait pu mourir. J'aurais pu le perdre. Hantée par ces mots, elle enfouit le visage dans ses mains avec un sanglot.

— Eden...

Le reste de la phrase se perdit sur les lèvres de Cameron. En deux enjambées, il la rejoignit et la prit dans ses bras, murmurant au creux de son oreille.

— Tout va bien, ma chérie. C'est fini...

— J'ai eu si p...peur, sanglota-t-elle en le serrant de toutes ses forces contre elle.

— Chut... je sais, je sais... Regarde, nous sommes sains et saufs, c'est tout ce qui compte.

— J'aurais pu te perdre.

— Jamais. Il me faudra plus qu'un malheureux incendie pour m'éloigner de toi.

Elle frotta sa joue inondée de larmes contre sa poitrine nue, cherchant le réconfort de sa chaleur et de sa force.

— Si je devais te perdre une seconde fois, je t'aime tant que je n'y survivrais pas.

Avec des gestes tendres, il effaça la trace de ses larmes sur ses joues.

— Tu m'aimes vraiment, murmura-t-il, n'osant encore croire à son bonheur.

— Oui, je t'aime, Cameron Felton, depuis toujours. Je t'aime, je t'aime, je t'...

Avant que la bouche de Cameron ne cueille les dernières syllabes sur ses lèvres, ils se regardèrent jusqu'au plus profond de l'âme. Puis un baiser passionné les unit, intensifié par l'angoisse qui avait été la leur. Cameron la souleva dans ses bras et l'emporta dans l'escalier vers la grande chambre. S'arrêtant au pied du lit, il la laissa glisser le long de son corps jusqu'à ce que ses pieds touchent terre. Là, il captura son visage entre ses mains et l'embrassa comme au premier jour.

Eden eut la sensation que la terre tremblait. Aussi sûrement qu'elle respirait, sa sensualité de femme atteignait maintenant l'apogée de l'attente, se soumettant sans plus attendre au désir qu'elle sentait monter en elle et que lui seul pouvait satisfaire.

Elle s'abandonna contre Cameron, non pas vaincue, mais enfin libérée. Comme un papillon brise la prison de sa chrysalide dans une explosion de beauté, Eden fit ses premiers pas dans l'univers dont seuls les amants passionnément amoureux ont la clé.

Son corps réinventa sans hésitation les gestes les plus anciens de l'humanité. Il répondit sans se dérober aux assauts délicieux de Cameron. La passion explosa, comme un volcan en colère.

— Si tu savais combien j'ai rêvé de cet instant, dit Cameron entre deux baisers brûlants. Que cette nuit dure toute l'éternité, Eden...

— L'éternité, répéta-t-elle avec ferveur.

— Oh Eden, je t'aime tant...

Presque aveuglé par le désir qui le consumait, il prit doucement possession d'elle. Elle était un cadeau des dieux, et elle lui appartenait, elle n'appartenait qu'à lui.

A chacune de ses caresses, Eden subissait une profonde métamorphose. Elle s'épanouissait comme une fleur coquette touchée par les rayons du soleil. Comme le papillon, elle déployait lentement ses ailes, posée au bord du calice enivrant de la vie, attendant de prendre son envol.

Pendant de longs moments, le silence de la chambre ne fut troublé que par leurs soupirs langoureux. Et bientôt, une joie immense les submergea, qui ressemblait à l'exaltation d'un millier de soleils...

***

Les étoiles pâlissaient dans le firmament quand Eden s'éveilla. Cameron la regardait.

— Je me suis endormie, déclara-t-elle, comme s'il s'agissait d'une découverte miraculeuse.

— Pendant quelques heures...

Sa main quitta la chaleur de sa nuque pour descendre le long de son dos, jusqu'au creux de ses reins.

— Mmh, murmura-t-elle. C'est si bon.

— Te caresser est merveilleux, aussi.

— Cameron?

— Oui, mon amour?

— J'ai l'impression qu'une éternité vient de s'écouler.

— Pas tout à fait. Une nuit seulement. L'aube ne va pas tarder à se lever.

— Cameron?

— Mmh?

— J'ai faim. Que dirais-tu de crêpes, de saucisses, de toasts et de café?

— A cinq heures du matin?

— Nous n'avons pas dîné, lui rappela-t-elle.

— La faute à qui! la taquina-t-il.

Ils sourirent tous deux.

— Va pour le café, les crêpes, les saucisses et les toasts! répondit enfin Cameron.

Eden eut un sourire malicieux qui aurait dû lui mettre la puce à l'oreille. Puis elle bondit hors du lit et enfila le peignoir qui attendait sur le dossier d'une chaise.

— Le dernier arrivé en bas fait la vaisselle! s'écria-t-elle en se précipitant vers la porte.

— Ce n'est pas juste, remarqua-t-il sur le seuil de la cuisine, un moment plus tard.

— Mais tu me pardonnes.

— Peut-être oui. Peut-être non.

De son poste à l'évier, Eden regarda longuement l'homme qu'elle aimait. Il portait un short datant de ses années de collège, et une chemise blanches à manches roulées jusqu'aux coudes qui mettait en valeur la couleur bronze de ses avant-bras musclés.

— Qu'as-tu fait de mes vêtements? demanda-t-il, quand elle eut terminé son examen.

— Ils sont dans la machine à laver.

— Il va donc falloir que j'attende ici qu'ils soient secs.

— Exactement.

— Nous trouverons bien un moyen de passer le temps.

— As-tu des suggestions?

— Plusieurs. Viens ici.

Eden s'approcha lentement de lui.

— Que vas-tu me faire? murmura-t-elle avec un haussement de sourcil suggestif. Je devrais peut-être tenter de fuir pendant qu'il est encore temps.

— Trop tard!

Avec une lueur maléfique dans les yeux, il l'emprisonna dans l'étreinte de ses bras.

— A quoi cela m'avancerait-il de me débattre? s'interrogea-t-elle à haute voix.

— A rien, jolie damoiselle. Vous n'êtes qu'un jouet entre mes mains. D'ailleurs, vous m'aimez.

— Plus que ma vie, souffla Eden en nouant les bras autour de son cou.

Des mains caressantes encadrèrent son visage. L'envie de jouer se dissipa et Cameron retrouva son sérieux.

— Nous avons beaucoup de chance, Eden... car nous nous sommes retrouvés.

Ils s'embrassèrent, mais sans la passion des heures précédentes. Un baiser émerveillé et chargé de promesses.

En souriant, Cameron la relâcha.

— Du coup, hier soir, nous en avons oublié le café.

— Nous avions d'autres chats à fouetter. Après nos émotions...

L'évocation de l'incendie jeta une ombre sur leur humeur joyeuse. Cameron lui prit le menton et effleura ses lèvres.

— Ne te fais aucun souci, ma chérie. Je suis certain que le capitaine des pompiers maîtrise la situation, et que Randall a retrouvé Kirby. Je n'irai pas jusqu'à dire que cet incendie n'est pas une catastrophe, mais seulement mineure. Le rachat de l'entreprise par ses employés s'accomplira, quoi qu'il arrive, dès que l'assurance m'aura remboursé les dégâts et que l'usine aura rouvert ses portes. Compris ?

— Compris.

— Alors, vas-tu me préparer à dîner, maintenant, oui ou non ?

Le repas tant attendu se composa de deux assiettes de céréales au lait, de toasts et de café noir.

— Je ne suis pas une très bonne ménagère, s'excusa Eden en étalant de la gelée de framboises sur une tartine.

— Tu compenses ce défaut de mille manières, répondit-il en lui prenant la main.

Comme il immobilisait sa main droite, il ramassa sa cuillère et la nourrit avec la tendresse d'un père. Une goutte de lait glissa sur le menton d'Eden. Se penchant par-dessus la table, il la recueillit sur le bout de la langue, lui arrachant un soupir.

— Cameron, soupira-t-elle.

Quelques coups sourds résonnant à la porte interrompirent leur baiser sensuel.

— Je vais tuer ce gêneur, grommela Cameron.

— C'est peut-être un visiteur important, murmura Eden, ses lèvres à quelques centimètres des siennes.

— Il vaudrait mieux pour lui!

Il se leva d'un bond, faisant grincer les pieds de sa chaise sur le carrelage. Un moment plus tard, il revint à la cuisine, Randall Ford sur les talons. Stupéfaite, Eden serra son peignoir autour de son corps.

— Shérif! Que se passe-t-il? Avez-vous des nouvelles de Paul?

Nerveusement, Randall se dandina d'un pied sur l'autre, manifestement gêné d'interrompre leur tête-à-tête. Eden se moquait bien de ce que Randall Ford et les habitants de McCauley pensaient de leur liaison. Elle et Cameron étaient ensemble, et cela seul avait de l'importance.

— Un peu de café, Randall? proposa Cameron comme si de rien n'était.

— Non merci. Je... j'ai quelques questions à te poser au sujet de l'incendie.

— Je ne sais pas grand chose, mais je t'écoute.

— A vrai dire, mes questions portent davantage sur les causes de la catastrophe.

— Tu as l'air bien mystérieux. Où veux-tu en venir?

— Paul Kirby et toi vous êtes disputés avant-hier.

La tasse de café de Cameron s'arrêta à mi-chemin de ses lèvres.

— C'est exact. Le jour où tu es venu à l'usine.

— L'as-tu frappé ?

— Oui.

— A quel sujet vous étiez-vous querellés ?

Randall se comportait de plus en plus comme le shérif et de moins en moins comme un vieil ami.

— Cela ne regarde que Paul et moi, répondit Cameron, méfiant.

— Réponds à mes questions, s'il te plaît.

Cameron haussa les épaules.

— Paul avait fait une remarque désobligeante au sujet d'Eden.

— Alors tu l'as frappé. Devant témoin.

— Oui, je l'ai frappé. Oui, il y avait un témoin. A quoi riment ces questions ? s'énerva Cameron.

Ignorant Cameron, Randall se tourna alors vers Eden.

— Etiez-vous au courant de cette dispute ?

— Non. Mais Paul est particulièrement vindicatif, ces temps-ci.

Randall se croisa les bras et regarda directement Cameron.

— As-tu acheté une grande quantité d'essence depuis sept jours ?

— Oui, mais...

— Et après votre dispute, t'es-tu plaint que l'usine perdait de l'argent ?

— Ce n'est un secret pour personne.

— Pourquoi as-tu acheté tant d'essence ?

— Nous nous en sommes servis pour brûler les mauvaises herbes dans le terrain vague, derrière l'usine.

— T'en fallait-il autant ?

— Non. Byers et moi avons rangé les bidons qui restaient dans la...

Cameron s'interrompit et chercha le regard du shérif. Randall détourna les yeux.

— Ce n'est pas moi qui ai mis le feu à l'usine, Randall. Je sais que les apparences sont contre moi, mais je ne suis pas un criminel.

— Je n'ai pas terminé, Cameron.

Eden se leva et vint se placer aux côtés de Cameron. Randall baissa les yeux et contempla pensivement le bout de ses chaussures.

— Nous n'avons pas encore le résultat final des analyses, mais les hommes du capitaine ont trouvé dans les cendres quelques indices : apparemment, quelqu'un aurait péri dans les flammes.

— Oh mon Dieu, murmura Eden.

— Ils ont découvert la montre et la chevalière d'un homme, continua lentement Ford.

— A qui appartenaient-elles ? demanda Cameron, d'une voix sans expression.

— A Paul Kirby.

Eden porta la main à sa bouche pour étouffer un cri. Des larmes jaillirent dans ses yeux.

— Paul ?! Oh non !

Elle se cacha le visage contre la poitrine de Cameron qui la serra contre lui.

— En es-tu sûr ? demanda-t-il au shérif.

— Son nom est gravé à l'intérieur de la bague.

Randall tressaillit en voyant les doigts d'Eden se crisper sur la chemise de Cameron, et il ajouta vivement :

— Bien sûr, nous n'avons pas encore de certitude. Encore aucun indice... physique ne nous permet d'affimer que Paul était à l'intérieur. Mais il y a bien eu acte criminel, selon le capitaine. Et probablement... tentative de meurtre.

Par-dessus la tête d'Eden, Cameron vit les rides soucieuses qui creusaient le visage de Randall. Puis le shérif se redressa de toute sa hauteur et plongea les yeux dans ceux de son ami.

— Parfois, je déteste mon métier, murmura-t-il.

Ces quelques mots furent le seul préambule à ceux qui suivirent.

— Cameron Felton, tu es en état d'arrestation.

— [illegible]
[illegible] aucun [illegible], [illegible]
[illegible]
[illegible]
[illegible]
[illegible]

[illegible] la [illegible]
[illegible]
[illegible]
[illegible]
[illegible]

[illegible]
[illegible]

Les quelques [illegible]
deux [illegible]

— [illegible]
[illegible]

Chapitre 10

— Allons, tu n'es pas sérieux !

— Crois-tu sincèrement que j'aie le cœur à plaisanter, Cameron ? Non, crois-moi, je n'ai pas le choix.

— C'est toi le shérif. Ne peux-tu... je ne sais pas, m'accorder au moins le bénéfice du doute ?

Dès les premiers mots de Randall, Eden s'était accrochée au bras de Cameron.

— Vous ne pouvez tout de même pas imaginer un seul instant que Cameron est capable d'actes aussi... aussi horribles ! s'écria-t-elle, retrouvant enfin l'usage de la parole.

— Bien sûr que non ! se défendit Randall. Mais en l'absence de preuves, je dois accomplir mon devoir. J'ai reçu une dizaine d'appels téléphoniques. Chacun d'eux ajoutait une pierre supplémentaire au complot destiné à accabler Cameron.

— Que disent ces gens ? demanda ce dernier, livide.

Randall Ford poussa un soupir à fendre l'âme.

— Le garagiste qui t'a vendu l'essence est

prêt à témoigner. Les employés qui ont assisté à votre dispute et t'ont entendu menacer Kirby aussi. La moitié de la ville est contre toi. Il faut dire que tu n'es guère populaire, aujourd'hui. Fermer l'usine...

Cameron releva brusquement la tête à ces mots.

— La fermeture n'est que provisoire ! Je veux proposer aux employés de racheter les parts de la compagnie et de s'auto-gérer. J'essayais de leur expliquer ceci quand l'incendie a éclaté.

— En attendant, les esprits sont échauffés et le meilleur moyen de les apaiser est que tu me suives docilement en prison.

— Non ! cria Eden en se jetant devant Cameron comme pour faire rempart de son corps. Et vous vous prétendez son ami ! Comment pouvez-vous faire une chose pareille ? Au lieu de le harceler ainsi, vous devriez être en train de chercher le vrai responsable !

Randall Ford posa une main sur son épaule.

— Ecoutez, Eden, je sais que vous êtes très contrariée. Vous en avez parfaitement le droit. Mais Cameron est le suspect numéro un. Je ne peux pas ignorer les faits. Trop de gens peuvent prouver qu'il avait les moyens et l'occasion de mettre le feu à l'usine. Quant à la deuxième accusation qui pèse sur lui...

Il lança un regard gêné vers Cameron.

— Il suffit au procureur de trouver un mobile.

— Justement ! continua de vociférer Eden avec indignation. Quelle raison aurait-il eu de tuer Paul? La jalousie? Rassurez-vous, Cameron n'a aucune raison d'être jaloux de lui. Par contre, l'inverse n'est pas vrai.

Randall et Cameron échangèrent un regard ennuyé.

— Tu devrais lui dire, Cameron, murmura enfin le shérif.

Le regard d'Eden alla de l'un à l'autre, inquiet.

— Me dire quoi? demanda-t-elle, calmée.

Avec un soupir, Cameron l'enveloppa d'un regard si intense qu'une angoisse indescriptible envahit la jeune femme.

— Eden, t'es-tu jamais interrogée sur l'arrivée inopinée du shérif, il y a douze ans?

La jeune femme secoua lentement la tête.

— Eh bien ce n'était pas une coïncidence. Depuis ce soir-là, j'étais intimement persuadé que quelqu'un nous avait dénoncés. Je ne m'étais pas trompé: Paul avait appelé la police.

— Mais comment...?

— C'est moi qui le lui ai appris, intervint Randall, incapable de regarder Eden en face. J'ai découvert par hasard le rôle qu'avait joué Paul dans cette triste histoire, peu de temps après mon entrée dans la police. Je regrette bien de ne pas avoir tenu ma langue.

Eden porta les mains à sa bouche, comme pétrifiée. Son regard chercha celui de Cameron. Il avait la mâchoire crispée et il était blanc comme un linge.

Elle réfléchit à la vitesse de l'éclair. Pour blanchir Cameron aux yeux de la loi, et pour que justice soit rendue, il fallait trouver Paul Kirby au plus vite. Car aussi sûrement que le soleil se couchait et se levait chaque jour, elle savait que Paul était coupable d'avoir provoqué l'incendie de l'usine.

— Randall, que pouvons-nous faire ? demanda-t-elle d'un ton résolu.

— Si nous voulons aider Cameron à échapper à ce cauchemar, répondit-il, il va falloir nous entraider, Eden. Et pour commencer, j'aimerais que vous répondiez à quelques questions. Paul vous parlait-il de ses problèmes financiers ?

— Il m'a dit qu'il voulait emprunter de l'argent pour racheter l'usine.

— Vous a-t-il dévoilé le nom de celui qui allait le lui prêter ?

— Il a prétendu être en contact avec des investisseurs. Mais je savais bien, moi, qu'il voulait parler de ses partenaires au jeu et je le lui ai clairement signifié. Il n'a pas nié.

— A-t-il mentionné des noms ?

— Non.

— Soupçonnerais-tu Kirby d'appartenir à une organisation du crime, Randall ? demanda Cameron qui devinait la direction que prenaient les pensées du shérif.

— C'est bien possible. Quelques personnes connaissent sa passion pour les cartes et les chevaux.

— As-tu un moyen de prouver ta théorie ?

— Pas encore. Mais tu seras le premier au courant.

Cameron se versa une tasse de café.

— Tu sais où me trouver, dit-il avec amertume.

Randall s'éclaircit la voix et reporta son attention sur Eden.

— Cameron et vous êtes restés ensemble pendant toute la durée du pique-nique?

— J'ai quitté la fête quelques instants, hier, répondit Cameron à la place d'Eden.

— Pourquoi?

— Pour te retrouver comme convenu à l'usine.

— Moi? s'étonna Randall, incrédule.

— Oui. Un petit garçon m'a apporté un message à la fête me demandant de te retrouver à l'usine. Je m'y suis rendu sans tarder. Au bout d'une quinzaine de minutes, ne te voyant pas venir, je suis reparti.

— Quelqu'un t'a-t-il vu?

— Non. En revanche, j'ai bien aperçu Harley Packard qui faisait sa ronde. Mais je ne me suis pas manifesté. Tu comprends, il est tellement bavard... Maintenant, je regrette.

— Moi aussi, soupira Randall. Où était Eden pendant ce temps?

— Au stand de barbe-à-papa, répondit-elle. Cameron était parti répéter son discours.

Cameron se tourna vers Randall.

— Je venais de la quitter quand ce garçon m'a abordé pour me prévenir que tu m'attendais. Je n'ai revu Eden que quelques minutes avant de monter sur scène. Elle n'avait aucune idée de l'endroit où j'étais.

— Eh bien... dit Randall en se massant la nuque. C'est bien peu de choses...

— Et maintenant? demanda Cameron dans un souffle.

— Maintenant...

Le shérif inspira profondément, et regarda son ami d'un air navré.

— Maintenant, j'énonce tes droits.

Solennellement, il récita les mots que la loi l'obligeait à prononcer avant d'arrêter Cameron.

— Dès que tu seras au commissariat, tu pourras appeler ton avocat.

— Puis-je rester quelques instants seul avec Eden? demanda Cameron.

— Oui. Et arrête de parler comme si nous étions dans un film policier de second ordre.

Prenant Eden par la main, Cameron sourit et l'entraîna vers l'escalier. Une fois dans la grande chambre, il l'enlaça tendrement.

— Cameron, Cameron, murmura-t-elle. Ce doit être un cauchemar... Nous allons nous réveiller.

— J'aimerais bien qu'il en soit ainsi.

— Oh Cameron! Je t'aime... s'écria-t-elle en s'accrochant désespérément à lui.

— Je sais, ma chérie, je sais. Nous sortirons victorieux de cette épreuve parce que moi aussi je t'aime trop pour que quelque chose nous sépare maintenant. Souviens-toi de ceci, nous avons eu beaucoup de chance, nous continuerons à en avoir...

Il ébaucha ce sourire malicieux qu'elle aimait tant et Eden se retint de pleurer.

— Je compte sur toi pour appeler mon avocat, Eden. Il s'appelle Tom Loftin. J'ai en lui une confiance absolue. C'est un véritable prestidigitateur. Et j'ai la désagréable impression que cette affaire risque de requérir tout son art.

— Est-ce un bon avocat?

— L'un des meilleurs du pays. Mais même lui ne peut pas faire de miracles. Je dois prouver ma volonté de garder l'usine opérationnelle. Je dois prouver que tout était arrangé pour que la direction soit remise entre les mains des employés afin d'éviter une fermeture définitive. Je dois démontrer à la police que je n'avais aucun mobile.

Il s'approcha d'un petit secrétaire et griffonna quelques chiffres sur un bloc-notes.

— Voici le numéro de téléphone de mon bureau de Houston, et celui de Tom. Ne te décourage pas, il n'est pas facile de le joindre. Si au bout d'une heure tu ne lui as toujours pas parlé, essaie le deuxième numéro.

— Ne t'inquiète pas, souffla-t-elle en repoussant une mèche tombée sur le front de Cameron. Je m'occupe de tout.

Il la serra dans ses bras et eut un rire amer.

— Mon père dirait sans doute que je n'ai que ce que je mérite, s'esclaffa-t-il.

— Certainement pas. Il comprendrait, et serait à tes côtés pour te défendre.

— Je... j'aimerais beaucoup te croire, Eden. Mais c'est très difficile, après toutes ces années.

— Je sais.

Il l'étreignit avec force et désespoir.

— Eden, je ne suis pas certain de nourrir un jour pour mon père les mêmes sentiments que toi. Tu as connu un Winston Felton complètement différent. Mais je crois maintenant que mon père essayait de m'enseigner quelque chose que je refusais d'apprendre...

— Oh Cameron...

Des larmes roulèrent sur les joues d'Eden.

— Je t'aime tant...

Leurs lèvres s'unirent en un baiser qui contenait les plus ferventes promesses pour l'avenir.

— Randall m'attend, dit enfin Cameron bien à contre-cœur.

— Je viendrai te voir dès que j'aurai parlé à ton avocat.

— Tu n'es pas obligée de venir à la prison. Une fois que Tom sera là, je ne tarderai pas à sortir.

— Je sais, mais je tiens tout de même à me rendre là-bas.

— En es-tu sûre? Ces endroits sont plutôt déprimants, tenta de la dissuader Cameron.

— Je veux être avec toi, où que tu sois.

— Et ensuite? avança-t-il, abordant le sujet qui le préoccupait plus que les charges retenues contre lui.

— Ensuite?

— Quand cette regrettable histoire sera résolue.

Eden écarquilla les yeux.

— Je...

— Continueras-tu à vouloir être avec moi où que je serai?

— Oui.

— Même si ce n'est pas McCauley? demanda-t-il, le cœur battant.

Eden s'humecta les lèvres. Aurait-elle la force de quitter McCauley? D'abandonner sa clientèle? De renoncer aux fruits de son travail acharné?

— Epouse-moi, Eden. Aime-moi et restons ensemble jusqu'à ce que nous ayons trop de souvenirs pour les retenir tous.

Avant qu'elle puisse répondre, il s'empressa de continuer.

— Je sais que ceci n'est pas la demande en mariage romantique dont rêvent toutes les femmes. Mais je t'aime, et c'est ma manière à moi de te dire que je veux passer le restant de mes jours avec toi.

Eden avait maintes fois entendu Cameron prononcer ces mots dans ses rêves. Et sa réponse n'avait jamais varié. Alors pourquoi hésitait-elle?

— Cameron, je...

Quelqu'un frappa à la porte.

— J'arrive, lança-t-il sans se retourner. Nous trouvons toujours le moyen d'aborder les sujets les plus délicats aux moments les plus incongrus, ajouta-t-il dans un murmure.

Un dernier baiser, et il était parti.

Quand elle entendit la voiture du shérif sortir de l'allée quelques moments plus tard, Eden voulut hurler son angoisse et sa colère. Comment le destin pouvait-il être assez cruel pour la séparer de Cameron alors qu'ils venaient à peine de se retrouver?

Elle appela Tom Loftin et apprit avec un sentiment croissant de panique qu'il venait de prendre l'avion pour San Francisco. Elle laissa ses coordonnées à la secrétaire après lui avoir brièvement expliqué la situation.

De retour à la cuisine, elle se prépara une tasse de café. Son regard revenait sans cesse vers le téléphone mural obstinément muet. Enfin, le silence oppressant la chassa jusqu'à la seule pièce où elle retrouverait un peu de la chaleur et du bonheur qu'elle avait connus durant la nuit.

La chambre était hantée par la présence de Cameron. Submergée par d'intenses émotions, elle se laissa tomber sur le lit et serra contre son cœur l'oreiller que creusait encore l'empreinte de sa tête.

Elle étreignait encore l'oreiller lorsque le téléphone sonna.

— Allô?

— Docteur Scott? Tom Loftin à l'appareil.

— Dieu soit loué!

— Ne vous réjouissez pas trop vite. Je ne suis pas à Houston. Je ne suis même pas au Texas. San Francisco disparaît sous le brouillard. Aucun avion ne pourra décoller avant deux ou trois heures. Ma secrétaire m'a communiqué votre message mais j'ai besoin de connaître l'histoire en détail avant de pouvoir agir.

Pendant le quart d'heure qui suivit, Eden le mit au courant des tenants et des aboutissants de l'affaire, et répondit à toutes les questions que l'avocat jugea utile de lui poser.

— Je vais faire le plus de démarches possible d'où je suis, affirma-t-il. Dès maintenant, je vais prendre les dispositions nécessaires pour que mon bureau s'occupe de la relaxation de Cameron. Mais tout dépend de la bonne volonté du juge. Allez-vous à la prison?

— Oui.

— Alors dites à Cameron que je vais m'arranger pour qu'il soit sorti avant la fin de la journée. Et Docteur...

— Oui?

— Ne vous inquiétez pas pour lui. Il a connu pire. Je vous appelle dès mon arrivée à Dallas.

Le trajet de dix kilomètres jusqu'à la prison de Faber County lui sembla durer des heures. Eden redoutait d'annoncer à Cameron qu'il allait devoir patienter encore quelques heures avant d'être relâché. Et s'il devait passer la nuit en prison? Elle frémit à cette pensée.

Dix minutes après son arrivée à la prison, les pires craintes d'Eden se confirmèrent. Les visites aux prisonniers ne duraient qu'un quart d'heure, et n'étaient autorisées que trois jours par semaine. Ce jour-là — comble de malchance — les visiteurs étaient refoulés à l'entrée. Seul l'avocat de Cameron aurait pu être introduit auprès de lui.

Frustrée et terriblement déçue, Eden dut patienter jusqu'à ce que Randall sorte du bureau du juge.

L'attente lui parut interminable. Enfin, le shérif sortit d'une pièce au fond du couloir débouchant sur le hall. Il l'aperçut immédiatement.

Eden se leva et se précipita à sa rencontre.

— Où est l'avocat ? demanda-t-il sans préambule.

— Il est retenu par le brouillard à San Francisco, et son vol est retardé d'au moins deux heures. Pouvez-vous me conduire auprès de Cameron ?

— Désolé, Eden, c'est impossible.

— Mais vous êtes le shérif !

— Cela ne signifie pas que je puisse enfreindre le règlement. De toute façon, vous n'aurez pas longtemps à attendre. Je suis certain que son avocat le fera libérer sous caution.

— Et dans le cas contraire ?

— Alors Cameron devra passer la nuit ici.

— Comment va-t-il ? demanda-t-elle avec anxiété.

— Il prend la situation avec beaucoup de calme et de philosophie.

— Avez-vous des nouvelles du capitaine des pompiers ? Je veux dire... ont-ils retrouvé... ?

— Non. Pour le moment, nous pouvons encore espérer que Paul est vivant quelque part.

— Si nous n'avions pas besoin de prouver l'innocence de Cameron, je me moquerais bien s'il était mort ou vivant !

— Je ne le porte pas non plus dans mon cœur, renchérit Randall, mais pour le moment, il n'y a personne au monde que j'aie plus envie de voir.

Eden poussa un soupir à fendre l'âme.

— Me téléphonerez-vous quand l'avocat de Cameron sera arrivé ?

— Comptez sur moi.

Réconfortée par la promesse de Randall, Eden reprit le chemin de son cabinet. Mais l'accomplissement de son travail quotidien n'aida en rien à alléger son angoisse. Entre chaque rendez-vous, elle appelait le tribunal. Sans succès. Tom Loftin lui téléphona de Dallas. Il venait d'atterrir et se rendait tout droit au tribunal. Avant la fin de l'après-midi ou le début de la soirée, Cameron serait libre.

Eden raccompagna son dernier client à la porte à quatre heures. Un appel à la prison l'informa que Loftin n'y était pas encore arrivé. Paul Kirby était toujours porté disparu, et Randall n'avait aucune nouvelle du capitaine des pompiers.

La sonnerie du téléphone retentit au moment où elle arrivait chez elle. Entrant précipitamment, elle posa sa mallette sur la table de la cuisine et décrocha le combiné.

— Allô ?

— Docteur Scott ? Tom Loftin à l'appareil. Je suis à la prison de Faber County. Cameron devrait être libre dans moins d'une heure.

— Oh merci ! Je commençais à penser que...

— Que j'étais bien long ? Je regrette franchement d'avoir été retardé, mais notre ami ne paraît pas en avoir trop souffert. A vrai dire, il souriait de toutes ses dents il y a à peine quelques minutes.

— Je ne sais comment vous remercier, maître.

— Appelez-moi Tom. Cameron est mon ami, autant que mon client.

— Merci de tout cœur, Tom. Je vous rejoins le plus vite possible.

Elle tournoya trois fois sur elle-même après avoir raccroché. En fredonnant son air favori, elle allait entrer dans la douche quand le téléphone sonna de nouveau. Son sang se glaça dans ses veines. Et si les pompiers avaient retrouvé les restes d'un cadavre dans les ruines calcinées de la salle du fourneau ? D'une main tremblante, elle porta le combiné à son oreille.

— Allô... Tom ?

Pas de réponse.

— Allô ? Qui est à l'appareil ? insista-t-elle.

— Eden, répondit enfin une voix familière. Eden, c'est moi. Paul.

Chapitre 11

— Paul ! Mais où es-tu ?

— En sécurité.

— Sais-tu que tout le monde pense que tu es...

— Mort ? Je sais. Et c'est très bien ainsi.

— Comment peux-tu dire cela, Paul ? Ils croient Cameron coupable. Es-tu tombé assez bas pour laisser condamner un innocent ?

— Je me moque bien que Cameron pende un jour au bout d'une corde ! lâcha Paul d'un ton venimeux. Tu n'imagines pas ce que j'ai dû endurer depuis hier. Un enfer ! Sans cesse à me cacher, de peur d'être reconnu...

— Mon pauvre ami, ironisa Eden qui essayait désespérément de cacher sa colère. As-tu seulement pensé à ce que Cameron devait endurer, lui ?

— Tu veux qu'il soit libéré, oui ou non ?

— Bien sûr !

— Alors il va falloir que tu m'aides. Car je suis le seul en mesure de le disculper.

La menace qu'elle sentait poindre derrière ces mots doucha sa colère. Serrant le combiné, elle avala difficilement sa salive et s'humecta les lèvres.

— Comment... comment puis-je avoir confiance en toi après ce que tu as fait?

— Ecoute-moi bien, Eden. Je dois partir. Quitter le pays, si possible. Toi seule peux m'y aider. J'ai besoin de toi, tu as besoin de moi. Alors, si nous nous associons?

— Fuir ne résoudra pas tes problèmes, Paul.

— Non. Mais cela me sauvera peut-être la vie.

— Tes amis joueurs essaient-ils de récolter l'argent que tu leur dois?

— Ne cherche pas à comprendre. Mon histoire est tellement compliquée, tu ne la croirais pas. Alors, que décides-tu?

— Comment comptes-tu disculper Cameron?

— Par une confession. Je dirai comment je l'ai attiré à l'usine avant d'y mettre le feu. Mais il faut que tu m'aides, je t'en supplie.

Eden savait très bien que sans preuve concrète et sans le témoignage oral de Paul, une confession n'avait pas plus de valeur que le papier sur lequel elle était écrite. Pour innocenter Cameron, elle avait besoin de Paul Kirby, mais en chair et en os. Seulement, comment faire? Paul était un homme acculé. Le désespoir et la panique teintaient chacun de ses mots. Mais si elle savait s'y prendre avec lui, il deviendrait malléable.

La seule solution était de lui faire croire qu'elle compatissait avec lui. Mais pour cela, il lui fallait du temps pour le convaincre de sa bonne foi, pour contacter Randall. Si elle pouvait retenir Paul jusqu'à l'arrivée du shérif et de ses hommes...

— Eden?

— Bien sûr que je vais t'aider, Paul, déclara-t-elle d'une voix radoucie. Je suis encore ton amie, malgré ce qui s'est passé.

— Je suis vraiment désolé, Eden. Dieu sait que je ne te veux aucun mal. Mais il faut que je protège mes arrières.

— Je comprends, approuva-t-elle d'un ton rassurant. N'aie aucun souci, et dis-moi seulement ce que tu attends de moi.

Eden raccrocha quelques instants plus tard, encore abasourdie par le plan extrêmement intelligent de Paul. Il avait arrangé sa fuite à la perfection, jusque dans les moindres détails. Si elle n'était pas très prudente, il réussirait peut-être même à s'en sortir.

Elle composa aussitôt le numéro du tribunal.

— Je voudrais parler au shérif Randall Ford, s'il vous plaît.

— Il est avec un prisonnier. Puis-je lui transmettre un message?

— Je suis le docteur Eden Scott. Je dois lui parler de toute urgence.

— Je suis désolée, mais je ne peux pas le déranger. Quelqu'un d'autre peut peut-être s'occuper de vous?

— Non. Ou plutôt si. Passez-moi Maître Tom Loftin.

— Il est occupé avec son client.

Eden étouffa un gémissement de frustration.

— Etes-vous certaine que le shérif est encore occupé ? Pouvez-vous vous en assurer ?

La standardiste lui répondit par la négative d'une voix compatissante, mais resta intraitable.

— Tout ce que je peux faire, dit-elle, c'est de lui demander de vous rappeler dès qu'il sera libre. Mais vous risquez d'attendre un certain temps. A-t-il votre numéro, docteur ?

— Oui, oui, s'impatienta Eden.

Elle reposa le combiné avec un geste rageur, le ressentiment et l'exaspération le disputant à la colère.

Inspirant profondément, elle s'enjoignit au calme. Dans cet état, elle ne pouvait être d'aucune utilité à Cameron. Il allait lui falloir beaucoup d'ingéniosité et de courage pour monter un scénario. Son principal adversaire était le temps. Chaque minute comptait. Elle devait attendre suffisamment longtemps pour laisser penser à Paul qu'elle avait exécuté ses instructions, mais sans éveiller ses soupçons.

Avant tout, elle devait absolument contacter Randall. Son apparition au moment précis qu'elle choisirait était essentielle. Elle jeta un coup d'œil sur sa montre. Elle avait promis à Paul de le rencontrer à l'usine à huit heures — dans trente-cinq minutes exactement. Il ferait nuit et les ateliers seraient déserts, à cette heure tardive.

Elle composa à nouveau le numéro du tribunal. La ligne était occupée. Un chapelet de jurons troubla le silence bien ordonné de la maison... Cinq minutes plus tard, elle tenta à nouveau sa chance. La ligne était encore occupée. Elle dut faire appel à tout son sang-froid pour ne pas fracasser l'appareil contre le mur.

Les mains sur les hanches, elle se remit à arpenter la pièce en tous sens. Elle se changea, l'œil rivé sur le téléphone ou sur sa montre. Les minutes s'égrenaient à une vitesse infernale. Sept heures quarante-sept !

N'y tenant plus, elle appela de nouveau le tribunal. Cette fois, la standardiste lui répondit.

— Le shérif est encore occupé, docteur.

— Et M. Loftin ?

— M. Loftin vient de quitter le tribunal avec son client il y a deux minutes exactement. Voulez-vous que le shérif vous rappelle ? Il ne devrait plus en avoir pour très longtemps.

— Non. Dites-lui de se rendre à l'usine le plus tôt possible. Je dois y retrouver Paul Kirby à huit heures.

Sans attendre de réponse, Eden raccrocha, griffonna un message pour Cameron et partit.

***

Cameron avait été surpris de constater qu'Eden n'était pas au tribunal au moment où il avait été relaxé.

Peut-être avait-elle été retenue par une urgence à l'hôpital ? Ou bien était-elle arrivée avec quelques minutes de retard ? Ils avaient aussi pu se croiser sur la route ? Non, c'était impossible. Il aurait reconnu sa voiture. Il contempla la maison plongée dans l'obscurité, et pour une raison inexplicable, une angoisse diffuse lui noua l'estomac, lui bloquant la respiration.

Il se passait quelque chose d'anormal. Il le sentait. En un éclair, il courut vers la porte de la cuisine et l'ouvrit à toute volée.

*
**

Eden s'arrêta derrière l'usine, suivant les instructions de Paul. Une forte odeur de bois brûlé flottait dans l'atmosphère et un trou béant creusé dans un mur latéral rappelait l'explosion du fourneau. Des flaques d'eau noire souillaient le sol, derniers vestiges du passage des pompiers.

Descendant de voiture, Eden attendit. Un craquement la fit se retourner. Une silhouette indistincte s'approchait d'elle.

— Tu es ponctuelle, remarqua Paul.

Un soupir de soulagement échappa à la jeune femme au son de la voix familière.

— Tu m'as fait peur, Paul.

— Désolé, jolie dame. Je voulais m'assurer que tu étais seule. As-tu apporté l'argent?

— Oui.

— Et la carte grise de ta voiture?

— Oui, mais...

— Tu n'as rien dit à personne, n'est-ce pas?

— Non, non, s'empressa de le rassurer Eden. J'ai exécuté tes instructions à la lettre. Personne ne sait où je suis.

— Je savais que je pouvais compter sur toi, Eden.

Il jeta un regard furtif derrière lui.

— Mais ne restons pas là. Entrons.

A l'intérieur de l'usine régnait la même odeur que dehors, mais dix fois plus concentrée et étouffante. Troublée par l'atmosphère étrange qui régnait dans l'usine dévastée, Eden suivit Paul jusqu'à la porte marquée *Magasin*. Là, il s'arrêta et se tourna vers elle.

— Nous allons partir. Mais auparavant, je dois terminer ce que j'ai commencé.

Eden écarquilla les yeux. Que voulait-il dire par là ?

Le feu !

Ce fut comme si elle venait de recevoir un coup de poing en pleine poitrine.

— Paul, réussit-elle à articuler, d'une voix angoissée. Non !

— Il le faut, Eden. Je ne peux pas le laisser profiter de mon travail et de celui de ma famille. Je préfère réduire l'usine à un tas de cendres plutôt que de la voir passer dans les mains d'un étranger.

— Paul, non ! Réfléchis ! Ton projet est insensé !

Ignorant ses supplications, il la fit entrer dans le magasin et alluma la lumière, éclairant une pyramide de bidons d'essence ayant échappé aux flammes. Effarée, elle le vit prendre deux des containers.

— Paul ! cria-t-elle. Il faut m'écouter. Tu peux encore te racheter. Mais si tu continues sur cette voie...

— Si Felton n'était pas revenu, la coupa-t-il d'un ton farouche, sans prêter attention à ce qu'elle disait, tout aurait été différent.

Il la couvait d'un regard étrange qui la fit frissonner de la tête aux pieds. Que faisait donc Randall Ford? Pourquoi tardait-il tant?

— Tu... tu as sans doute raison, souffla-t-elle, n'osant le contrarier.

— Je t'aime, tu sais.

Cette déclaration prit Eden totalement au dépourvu.

— Paul...

Il cligna des yeux, comme s'il sortait d'une transe et sa respiration devint sifflante.

— Si tu m'avais épousé, Eden, rien de tout ceci ne serait arrivé. Je n'aurais pas perdu tout mon argent, et je n'aurais pas été obligé de fuir. Tout est de ta faute.

Oh mon Dieu, dans quel guêpier s'était-elle fourrée? L'esprit de Paul était plus dérangé qu'elle ne l'avait jamais soupçonné. Instinctivement, elle recula d'un pas.

— Mais il n'est pas trop tard pour te racheter, continuait-il. Epouse-moi, Eden. Pars avec moi. Maintenant. Ce soir.

— Paul, c'est impossible.

— Mais non, voyons!

A présent, il était très agité et Eden commençait à regretter d'avoir surestimé son influence sur lui.

— Paul, Paul, écoute-moi. Je ne peux pas partir avec toi. Je dois rester ici et raconter aux autorités l'histoire que tu as inventée pour te faire gagner du temps.

— Ce nouveau plan est encore meilleur que celui que j'avais projeté!

Il ne la regardait plus. Terrifiée, Eden luttait courageusement contre la panique. A chaque pas qu'il faisait dans sa direction, elle reculait d'un air nonchalant. Mais il se tenait entre elle et la porte, son seul espoir de fuite.

— Paul, je ne peux pas partir, répéta-t-elle, essayant de calmer le tremblement de sa voix.

— C'est pourtant la solution idéale, Eden, ne vois-tu pas? Nous serons ensemble, et alors tout ira bien.

Il tendit le bras vers elle et tout son être se révolta à ce contact.

— Je t'ai toujours aimée, Eden. Même quand il y avait d'autres femmes. Aucune d'elles ne t'arrivait à la cheville. Chaque fois que je les touchais, je fermais les yeux et je m'imaginais que c'était toi. Chaque fois que je...

— Paul! cria Eden, élevant la voix, consciente qu'il ne l'écoutait plus. Je ne t'aime pas!

Lentement, ces mots firent leur chemin dans l'esprit de Kirby.

— Tu ne... m'aimes pas?

Il plissa les paupières et Eden regretta aussitôt son erreur.

— Pas... de cette manière, Paul, tenta-t-elle de se rattraper. J'ai de l'amitié pour toi, tu le sais. Et je...

— Encore Felton! siffla-t-il entre ses dents.

— Paul, je veux t'aider, plaida Eden.

— J'aurais dû le tuer hier soir, quand il était à ma merci, continua-t-il, écumant de rage.

— Mais tu ne l'as pas fait, parce que tu n'es pas capable de tuer. Et si nous lui parlons, je suis certaine qu'il t'aidera, lui aussi. Il est...

— Cameron! Cameron! Toujours Cameron! J'espère qu'il pourrira dans cette cellule jusqu'à la fin de ses jours! Felton souhaite me voir mort autant que...

— Tu as parfaitement raison, Kirby.

Une silhouette massive aussi sombre que la nuit apparut sur le seuil du magasin.

— Cameron!

Eden s'élançait déjà vers lui mais Paul l'empoigna par les cheveux au moment où elle allait lui échapper et tira de toutes ses forces. Un cri de douleur monta à ses lèvres. La plaquant contre son corps, il passa un bras autour de son cou, et serra fort, l'étranglant à moitié.

L'éclat d'une lame de couteau brilla dans sa main libre, stoppant net Cameron dans son élan. Lentement, il recula.

— Allons, Kirby, pas de bêtises, tenta-t-il de le raisonner.

Le rire hystérique de Kirby lui répondit.

— Tant que j'ai Eden et ce couteau, je vois mal comment tu pourrais m'en empêcher! ironisa-t-il. Tu ne voudrais pas qu'il lui arrive quelque chose, n'est-ce pas, Felton?

Pour appuyer ses menaces, il caressa la gorge d'Eden du tranchant de la lame. Jusqu'au moment où Paul s'était emparé d'Eden, Cameron aurait juré connaître le goût métallique de la peur. Mais aucune de ses expériences passées ne l'avaient préparé à l'angoisse insoutenable qui était la sienne à présent. Une lueur de démence dansait dans les yeux de Kirby, et Cameron avait conscience qu'au moindre geste de sa part, Eden était perdue.

— Donne-moi ce couteau, Kirby.

Comme Paul ne répondait rien, Cameron essaya de le cajoler.

— Allons, Paul, sois raisonnable. Tu n'es pas un criminel.

— Je ne suis pas non plus stupide. Retourne-toi, ordonna-t-il.

— Que vas-tu faire ?

— Accomplir ma mission. Maintenant va au fond du magasin. Et souviens-toi bien de ceci, Felton : la vie d'Eden dépend de ta docilité.

Cameron serra les poings. Il croisa le regard d'Eden qui le suppliait silencieusement de ne pas opposer la moindre résistance. Non pour elle-même, mais pour lui.

Le temps fut comme suspendu. La haine et une rage impuissante se lisaient dans les yeux de Cameron. Le souffle de Paul était de plus en plus oppressé. Eden osait à peine respirer, car à chaque inspiration, sa gorge touchait la lame glacée du couteau à cran d'arrêt.

— Je pourrais la tuer, si je le voulais, continua Paul, d'une voix que la folie rendait hystérique. Ne m'y oblige pas.

Ces derniers mots étaient une supplication, rien de moins. L'état désespéré de Paul était peut-être la faiblesse dont Cameron avait besoin pour mettre fin à ce cauchemar.

— Je te croirais, s'il s'agissait de quelqu'un d'autre qu'Eden. Donne-moi ce couteau, Paul.

— Non! se révolta-t-il dans un sursaut.

Cameron vit les yeux terrorisés d'Eden se remplir de larmes et il ne put plus se dominer.

— Assassin! rugit-il. Je vais te tuer de mes propres mains!

Fut-ce par accident, ou délibérément? La pointe du couteau pénétra alors dans la chair tendre et une petite goutte de sang perla sur la gorge d'Eden.

A sa vue, Cameron se pétrifia.

Remarquant la direction de son regard horrifié, Paul baissa les yeux. Contre le cou de la femme qu'il aimait, ses doigts étaient tachés de rouge.

— Je te l'avais dit! hurla-t-il comme un possédé. Regarde ce que j'ai fait par ta faute! Je te hais!

La seule consolation de Cameron fut de voir la lame du couteau s'éloigner sensiblement de la gorge d'Eden. Les mains de Paul tremblaient. Cameron se trouvait aux prises avec le conflit déchirant de tout homme animé par le désir de défendre, envers et contre tout, sa compagne. En lui brûlait une violence qui menaçait de se réduire à des instincts et des réflexes purement animaux. L'homme primitif allait l'emporter sur l'homme civilisé quand Eden, d'une petite voix tremblante, renversa la situation.

— Cameron, je t'en supplie, murmura-t-elle.

Cette fois, Cameron desserra les poings et capitula. Contre son dos, Eden sentit le corps de Paul se détendre. La main qui lui empoignait douloureusement les cheveux se desserra. Paul l'entraîna hors du magasin et referma la porte au verrou. Dès que Cameron fut enfermé à l'intérieur, Paul la libéra. Automatiquement, Eden porta les mains à son cou. La lame avait à peine entamé la peau et elle ne saignait déjà plus. Elle pivota sur elle-même et avec effarement, vit la panique, la peur et la haine déformer les traits de Kirby en un masque méconnaissable. Ses yeux brillaient comme ceux d'un fanatique et ses pupilles étaient anormalement dilatées. Il offrait un tableau à la fois pitoyable et terrifiant.

— Je... je suis désolé, bredouilla-t-il. Je te... je te le promets, Eden. Je... ne voulais pas te faire mal. Tu me... me crois?

Je crois que tu es malade, songea-t-elle silencieusement, *et que tu as désespérément besoin d'aide.* Mais que fabriquait Randall Ford?

Sans voix, Eden hocha lentement la tête.

— Dieu soit loué! soupira Paul.

Sortant un mouchoir blanc de sa poche, il s'approcha d'elle, probablement dans l'intention de s'occuper de sa blessure.

— Tout ira bien, tu verras. Je vais t'emmener avec moi. Ne t'inquiète pas...

M'emmener... Oui. Oui! Si je peux convaincre Paul de m'emmener maintenant et d'oublier l'existence de Cameron...

— Pouvons-nous partir tout de suite, Paul? murmura-t-elle. Oui, partons.

Sur ces mots, elle commença à s'éloigner lentement.

— Dans un instant, jolie dame. Mais auparavant, je dois terminer ce que j'ai commencé.

— Non, je veux partir sans attendre. Maintenant, répéta-t-elle.

Paul fronça les sourcils, réfléchissant intensément. Un éclair de lucidité traversa son regard.

— De toute façon, Felton mourra, lâcha-t-il.

Cette fois, c'en était trop pour les nerfs déjà rudement éprouvés d'Eden.

— Tu es fou ! cria-t-elle, ne maîtrisant plus sa colère.

A son ton venimeux, Paul recula.

— Eden ? Ne dis pas cela...

Puis lentement, la colère réchauffa son regard vide.

— En disant cela, tu n'es pas meilleure que lui. Et je le déteste.

— Alors enferme-moi moi aussi dans ce magasin parce que c'est la vérité. Tu es fou, Paul !

Si Cameron mourait, la vie ne valait plus la peine d'être vécue... Ainsi libérée de sa peur, Eden s'élança dans le couloir et se mit à courir à toutes jambes vers l'extrémité du couloir. Elle avait l'impression d'avancer au ralenti. Seul son cœur paraissait battre en accéléré. Ses yeux étaient rivés sur la porte du fond, et elle redoubla ses efforts.

Quelque chose frôla sa cheville, rompant la régularité de sa course, et elle trébucha avant de s'étaler de tout son long.

Elle heurta rudement le sol et se rendit compte que ce qui avait touché sa cheville était la main de Paul. Les doigts crispés autour de sa peau ivoire, il la serrait comme un étau. Il se redressa et la traîna sur quelques mètres, repartant en sens inverse. Comme il ne progressait pas assez vite, il l'obligea à se mettre debout et lui empoigna à nouveau les cheveux.

Eden n'aurait jamais cru Paul aussi fort si elle n'avait pas été elle-même son infortunée victime.

— Tu n'aurais pas dû faire ça, Eden, marmonna-t-il entre ses dents.

Son regard démoniaque l'enveloppa quelques secondes.

— Maintenant, je suis obligé de te laisser ici.

Il avait prononcé ces mots comme un enfant aurait parlé à son jouet favori. Arrivé à destination, il ouvrit le verrou du magasin, poussa la porte et bouscula Eden sans douceur à l'intérieur.

Chapitre 12

Des bras forts attrapèrent Eden et l'étreignirent à l'étouffer.

— Cameron, oh Cameron!

— Eden, ma chérie, es-tu blessée? Oh mon dieu, j'ai cru mourir quand j'ai vu perler ton sang. Si jamais je retrouve ce...

— Cameron, le coupa-t-elle d'une voix faible. Serre-moi dans tes bras...

Il accentua son étreinte, lui coupant presque la respiration.

— Comment te sens-tu?

— Paul est fou, Cameron...

— Oui, je sais.

— Il a dit qu'il devait terminer ce qu'il avait commencé hier. Cameron, nous allons brûler avec l'usine!

Une imprécation lui échappa.

— Il faut sortir d'ici immédiatement.

— Randall! s'exclama-t-elle soudain.

Cameron s'écarta pour la regarder.

— Qu'y a-t-il?

— Randall sait où je suis. J'essayais de gagner du temps pour lui laisser le temps d'arriver...

Les mains de Cameron se refermèrent sur ses épaules.

— Eden, en es-tu certaine?

— Oui. Je lui ai laissé un message pour le prévenir que j'allais retrouver Paul à l'usine. Il est sûrement en route.

— Je l'espère.

— Et s'il ne vient pas?

— Il va venir.

— Mais le feu, Cameron? Si...

Elle n'eut pas le courage d'achever sa phrase et se pressa contre sa poitrine, enfouissant la tête au creux de son épaule.

— Tout se passera bien, ne t'inquiète pas, ma chérie.

L'assurance qui transparaissait dans sa voix et la force de ses bras la rassura. Doucement, il la força à le regarder.

— Crois-tu que je laisserai qui que ce soit nous priver du bonheur que nous avons attendu si longtemps?

Il avait exprimé à haute voix ce qu'elle pensait au plus profond de son cœur. Leurs regards en disaient plus long que n'importe quel discours. Passionnément, il prit possession de ses lèvres. Aussitôt, le désir monta en elle, lui faisant momentanément oublier la précarité de leur situation.

Soudain, des bruits à l'extérieur de la grange les ramenèrent à la réalité.

— Mais que fait Paul? demanda Cameron à voix basse.

Prenant Eden par la main, il s'avança. Tous les sens aux aguets, ils écoutèrent, l'oreille collée à la porte. Apparemment, quelqu'un traînait un objet lourd par terre. Et puis soudain, le silence retomba.

— Que se passe-t-il? murmura Eden.

— Je ne sais pas...

— C'est de l'essence! s'écria-t-elle soudain. Cameron, il va mettre le feu!...

Les yeux écarquillés d'horreur, Eden agrippa le bras de son compagnon.

— Doucement ma chérie, murmura-t-il, essayant de calmer la panique qui menaçait de submerger la jeune femme.

Malgré son calme apparent, Cameron savait que leurs minutes étaient comptées. Son regard fouilla la pièce obscure à la recherche d'un objet suffisamment lourd pour lui permettre de défoncer la porte.

Mais l'inventaire fut rapidement fait; le magasin était vide hormis les bidons d'essence restants, un vieux balai, un seau, et de grandes cisailles de jardinage.

Après avoir pressé doucement la main d'Eden pour la rassurer, il décrocha les cisailles et entreprit de s'attaquer à la porte. Cameron ne doutait pas de pouvoir sortir de la grange, mais après?...

Après, il ferait ce qui s'imposait pour sauver Eden.

Elle ne le quittait pas des yeux, réconfortée par sa force et sa détermination. Il les sauverait tous les deux, elle en était certaine. Elle pouvait se reposer sur lui, accepter enfin de reconnaître ce que son cœur lui soufflait depuis le premier jour où ils s'étaient rencontrés. Elle aimait Cameron et elle le suivrait au bout du monde...

Comme s'il avait entendu les pensées d'Eden, Cameron se retourna vers elle et lui sourit.

— Ecoute, souffla tout à coup Eden en posant la main sur le bras de Cameron. J'entends un bruit de voix.

Immédiatement, il s'immobilisa, l'oreille tendue.

— Arrête-toi, Kirby!

Même étouffés à travers la porte, ces quelques mots étaient la plus douce des musiques pour Cameron.

— C'est Randall! s'exclama-t-il. Ma chérie, nous sommes sauv...

— Espèce de monstre, hurla Paul à l'extérieur. Tu m'as laissé pour mort. Tu as voulu me brûler vif!

Abandonnant le bidon d'essence qu'il était en train de vider devant le magasin, Paul affronta son ennemi. Le désir de vengeance obscurcissait encore davantage son esprit déjà défaillant.

— Où est Eden Scott? demanda le shérif d'un ton destiné à impressionner Paul. Qu'as-tu fait d'elle?

Paul se mit à rire, d'un rire de dément.

— Oh, elle est en lieu sûr.

— Tu as tout gâché. J'aurais dû vérifier que tu étais mort la nuit dernière. Crois-moi, je ne commettrai pas la même erreur une deuxième fois.

Le rire hystérique de Paul s'éteignit aussitôt dans sa gorge quand il aperçut le révolver dans la main de Randall. Il plissa les yeux, le regard voilé soudain par la peur.

— Tu ne tireras, pas, hein?! plaida-t-il d'une voix geignarde. Tu risquerais d'attirer la moitié de la ville. Tu n'es pas si stupide. Randall?...

— N'y compte pas. Tu m'as été utile quelque temps. Mais désormais, tu es devenu un fardeau que je ne peux plus me permettre de traîner, Kirby.

Le visage de Paul devint livide.

— J'ai un peu d'argent, Ford, bredouilla-t-il. Tu peux tout prendre si tu veux. J'ai deux mille dollars...

Un rire cruel lui répondit.

— C'est une somme ridicule en comparaison de la somme que tu me dois. De plus, je te l'ai déjà dit, tu offres beaucoup plus d'intérêt mort que vivant...

— Randall, écoute...

— Non! Tant qu'il y avait encore une chance que tu te renfloues, notre association avait un sens. Mais tu as tout gâché, Kirby. Ta fièvre insensée du jeu t'a perdu. Dans une semaine, je quitterai le pays avec notre argent, que j'ai eu la sagesse de déposer dans une banque suisse.

— Non! hurla Kirby.

— Ne bouge pas, ordonna le shérif en pointant son arme dans sa direction. Et maintenant, dis-moi ce que tu as fait d'Eden.

Kirby ne répondit pas.

Paul hurla quand Randall lui écrasa son

poing dans la figure. En dépit de la différence de taille et de poids des deux hommes, Paul réagit aussitôt en sortant sa seule arme, le couteau. D'un coup de pied, Ford le fit sauter loin d'eux.

Comme un dément, Paul se jeta alors sur son adversaire, et une violente bagarre s'ensuivit. Les deux hommes roulèrent à terre, mais très vite, Randall se releva victorieux.

A cet instant, Paul comprit que tout espoir était définitivement perdu, comme en témoignait la lueur de violence et de haine qui brillait dans les yeux de son adversaire.

Pendant tout ce temps, Cameron et Eden étaient restés figés, écoutant la scène incroyable qui se déroulait à quelques pas d'eux.

— Mon dieu! Cameron... gémit Eden à voix basse.

Immédiatement, Cameron posa la main sur sa bouche.

— Nous allons sortir maintenant, murmura-t-il contre son oreille. Je vais défoncer la porte. Tiens-toi prête. Dès que nous serons dehors, cours de toutes tes forces vers l'entrée du bâtiment. As-tu compris?

Eden hocha la tête.

— Ne m'attends pas, ne t'arrête même pas. Cours, un point c'est tout. Veux-tu me le promettre?

Elle ne répondit rien.

— Promets-le moi! insista-t-il en lui relevant le menton du doigt.

— Entendu, murmura-t-elle, les larmes aux yeux.

— Je t'aime, répondit-il en lui effleurant la joue.

Après un dernier regard, Cameron s'attaqua à la porte.

Très vite, il put passer la main par le trou qu'il avait réussi à percer et à tirer le verrou. En poussant la porte, il s'aperçut alors de deux choses : l'usine brûlait et le canon du fusil de Randall était pointée dans sa direction.

Instinctivement, Cameron prit Eden par les épaules et la força à se mettre derrière lui.

— Randall ! s'exclama-t-il. Je suis heureux de te voir. Ce dingue de Kirby avait l'intention de nous faire rôtir, ma parole !

Cameron pria le ciel que son soupir de soulagement ait l'air convaincant.

Manifestement, le shérif ne s'attendait pas du tout à cette entrée en matière et son regard devint suspicieux. Il ne prononça pas un mot, mais Cameron pouvait lire sur son visage les différents sentiments qui se succédaient en lui : le doute, l'incrédulité, puis l'espoir.

Dans l'incertitude, il garda tout de même son fusil pointé sur Cameron.

— Hé, fais attention à ton arme ! lança Cameron en essayant de plaisanter. Tu effrayes Eden, sans parler de moi !

Cameron s'efforçait de sourire, affichant une innocence bon enfant.

— Ne reste pas là ! continua-t-il. Toute l'usine est en feu... Il faut partir, et vite...

— Ton stratagème ne prend pas, Cameron !

Le ton de la voix était tranchant, glacial.

Cameron sentit des gouttes de transpiration perler à son front.

— Allons, Randall! insista-t-il. Si tu attends que je te remercie, je serai trop heureux de le faire une fois que nous serons sortis d'ici. Si j'en juge par la hauteur des flammes, Kirby a dû utiliser l'essence jusqu'à sa dernière goutte. Ecoute, le moment est vraiment mal choisi d'échanger des politesses!

— Depuis combien de temps es-tu là? lança Randall d'un ton menaçant.

— Mais pour l'amour du ciel, quelle importance?

Avant que Cameron ne puisse réagir, Eden sortait de derrière lui en toussant et en pleurant.

— Mais avez-vous perdu l'esprit? Il faut sortir d'ici immédiatement. Vous jouerez aux devinettes plus tard!

Cameron aurait presque embrassé Eden pour cette démonstration de courage... Pour insister sur leur bonne foi, il commença à avancer, prenant garde de toujours se placer entre le fusil et Eden.

— Ne t'arrête pas, souffla-t-il à l'adresse de la jeune femme. Continue à marcher.

— Ne m'oblige pas à te tuer, Cameron! cria le shérif.

— Me tuer?! Mais grands dieux, pourquoi? Sortons d'abord d'ici, et ensuite je t'expliquerai.

Surtout, ne t'arrête pas de parler, s'enjoignit-il silencieusement.

— Tout ce que je sais, poursuivit-il, c'est que Paul a manipulé Eden pour la faire venir jusqu'ici. Je l'ai suivie aprés avoir trouvé le message qu'elle m'avait laissé à la maison. Ce fou nous a enfermés dans le magasin. Nous ne pouvions rien entendre à l'intérieur. Nous ignorions tout de ce qui se passait dehors jusqu'à ce que nous sentions cette odeur d'essence. Alors maintenant, baisse ton fusil et viens!

Cameron était conscient qu'il venait de jouer sa dernière carte. Agrippant brusquement la main d'Eden, il la serra entre ses doigts.

La voix de Randall retentit, claquant comme un fouet.

— Pas un pas de plus, Cameron!

Cet ordre stoppa Cameron immédiatement. Gardant la main d'Eden dans la sienne, il se retourna pour affronter Randall.

— Je t'ai presque cru, lâcha ce dernier, un rictus méprisant aux lèvres.

— J'y comptais bien, répondit Cameron.

Il poussa un profond soupir, s'avouant vaincu.

— Pourquoi ai-je soudain l'impression de jouer un rôle de second ordre dans un vieux film de John Wayne? demanda-t-il à l'homme qu'il avait considéré, à une époque, comme son ami le plus loyal de Felton.

— Oui, je sais, dit Randall avec une note de tristesse. Je suis sincèrement désolé.

— Suffisamment pour nous laisser partir?

— Impossible.

Randall secoua la tête, son arme toujours pointée en direction de Cameron.

— Vous êtes des témoins trop gênants.

— L'argent a-t-il donc autant d'importance pour toi?

— Oui. J'ai travaillé trop dur pour le laisser m'échapper des doigts par sentimentalisme.

Comme Eden l'avait fait plus tôt, Cameron essayait à son tour de gagner du temps. Suffisamment pour que la fumée qui commençait à épaissir joue en leur faveur.

— J'ai déjà mon billet pour Madagascar, continuait Randall, sans paraître remarquer le manège de Cameron. Je préfère les palaces aux cours des pénitentiers.

— C'est pourtant là que tu te rendras dès que cette histoire sera terminée. Et que comptes-tu faire de Paul, si je puis me permettre de poser cette question?

Randall s'écarta d'un pas, révélant à Cameron et à Eden le corps inerte de Paul Kirby étendu sur le sol.

— Il ne fera plus de tort à personne.

Cameron suffoqua devant l'horreur de ce geste. Randall avait tué Paul...

Il n'y avait désormais plus le moindre doute dans son esprit: Randall avait commis un meurtre, il était évident qu'il ne reculerait devant rien.

— Ainsi, tu t'es aussi servi de lui! accusa-t-il, la voix blanche.

— Il n'était qu'un pantin entre mes mains. Un mensonge après l'autre, il les croyait tous! Kirby n'avait pas deux sous de cervelle sinon, il n'aurait pas eu besoin de moi.

— Paul te faisait-il chanter? demanda Eden, comprenant comme Cameron que leur seule chance de salut était de gagner le plus de temps possible.

Un rire sourd secoua les épaules du shérif.

— Non, c'est excactement le contraire! C'est moi qui le tenais.

— Et de quelle manière?

— Oh, cette histoire est tellement stupide, que vous ne pourriez même pas comprendre.

— Essaie tout de même, insista Cameron.

Depuis quelques minutes, il cherchait désespérement autour de lui un objet susceptible de lui servir d'arme.

— Paul était un joueur impénitent, commença Randall, c'est de notoriété publique. Il savait que je gardais quelques économies du temps où j'avais une certaine renommée dans le foot-ball, avant que mon genou ne m'empêche de continuer. Il m'a supplié de lui accorder un prêt et n'a rien trouvé de mieux que de m'offrir la compagnie en garantie. Contre un prêt de cinq mille dollars! Avouez qu'il devait être désespéré!

— Alors pourquoi...? demanda Cameron en désignant le corps d'un signe de tête.

— Je te l'ai dit. Il dépensait tout ce que je lui donnais et encore ce n'était jamais suffisant.

— Pourquoi as-tu aidé Kirby?

— J'ai soudain découvert une autre façon de gagner de l'argent, et bien davantage que trente mille dollars par ans dans la fonction publique! J'ai menacé Paul de faire valoir mes droits sur la compagnie et de l'abandonner à son triste sort s'il essayait de contrecarrer mes projets. Nous avons pris une assurance incendie sur l'usine auprès de six compagnies différentes pour un total de trois millions de dollars. Cela me suffisait pour vivre tranquillement jusqu'à la fin de mes jours. Qu'en penses-tu, Cameron ?

Celui-ci hocha tristement la tête.

— Je vois...

— Malheureusement pour lui, Paul a commis une erreur fatale. Il a pensé pouvoir se débarrasser de moi en empruntant pour me rembourser sa dette. Seulement, l'alcool et le jeu ont vite épuisé son capital, comme toujours !...

— Tu as donc repris son projet à ton compte, et c'est toi qui t'es débarrassé de lui.

Les yeux de Ford se plissèrent dangereusement.

— Je sais exactement ce que tu es en train de faire, Cameron, mais tu perds ton temps.

Cameron parut surpris.

— C'est-à-dire ?

— Tu veux me faire parler jusqu'à ce que les secours arrivent. Mais n'y crois pas trop. Après la nuit dernière, l'odeur de fumée est si tenace que personne ne va s'alarmer. Avant qu'il ne vienne quelqu'un, je serai loin et vous...

Il fit tourner son révolver dans sa main, le pointant sur eux.

— Tu ne t'en tireras pas avec trois meurtres, tenta de le mettre en garde Cameron.

— Ne t'inquiète pas, je n'ai rien laissé au

hasard. Il me suffira de raconter qu'en passant faire ma ronde, j'ai aperçu Kirby et que son attitude m'a paru étrange. Je dirai que j'ai essayé de le raisonner mais qu'il n'a rien voulu savoir.

Un haussement d'épaules ponctua ses explications.

— Je n'ai malheureusement rien pu faire. J'étais en état de légitime défense et j'ai été obligé de le tuer, conclut-il, visiblement satisfait.

— Et nous? demanda Cameron.

Eden sentit le corps de son compagnon se raidir, non pas à cause de la peur, mais avec la même force qu'un tigre se préparant à attaquer sa proie. Eden comprit instinctivement qu'il était prêt à tenter le tout pour le tout.

— Vos corps seront retrouvés dans les cendres de l'incendie, mais pas avant plusieurs jours. C'est même moi qui lancerai les recherches. Cela part d'un bon sentiment, vous ne trouvez pas? ricana-t-il.

— Ton plan semble parfait! répondit Cameron. Il y a cependant une faille dans ton raisonnement.

— Laquelle?

D'un geste aussi brusque qu'imprévisible, Cameron repoussa Eden le plus loin possible et bondit sur Randall.

Alors qu'Eden trébuchait et tombait à terre, elle vit les deux hommes rouler dans la poussière. La détonation claqua dans le silence, terrifiante, et Eden hurla.

Mais aucun des deux hommes n'était touché comme en témoignait leur lutte sauvage. Un coup de pied de Cameron fit voltiger l'arme au loin.

Ils allaient se tuer, songea Eden en cherchant frénétiquement l'arme autour d'elle.

De plus en plus, la fumée obscurcissait sa vision. Enfin, elle trouva le révolver et essaya de viser. Immédiatement, elle dut reconnaître que l'entreprise était vouée à l'échec. Dans une tentative désespérée pour arrêter le combat, elle tira en l'air. Les deux hommes se séparèrent aussitôt.

Cameron releva la tête, la cherchant des yeux, tandis que Randall prenait la fuite.

— Cameron, cria-t-elle. Cameron...

En un éclair, il fut auprès d'elle et, la prenant dans ses bras, il l'entraîna vers la sortie. Elle ne se souvint pas avec précision de la suite des événements. La seule chose qu'elle se rappela fut l'impression de soulagement intense qui la submergea quand ils sortirent de l'usine.

Ils étaient tous les deux sains et saufs, se répétait-elle en s'accrochant à Cameron comme à la vie-même. Le cauchemar était enfin terminé.

— Randall! souffla Cameron. Il est encore à l'intérieur. Il faut que je le sorte de là.

— Non! Cameron, je t'en prie, n'y va pas!

Mais déjà, il se séparait d'elle et disparaissait au coin du bâtiment. Pour la deuxième fois, Eden se retouvait seule face au l'usine dévastée par l'incendie...

Les sirènes des pompiers et de l'ambulance attirèrent alors son attention. En un éclair, les brancardiers se précipitèrent vers la fournaise. Mais alors qu'ils approchaient de l'usine, Eden aperçut la silhouette d'un homme à travers le rideau de fumée. Un homme qui traînait un corps inerte...

— Par ici. Vite!... Apportez l'oxygène!... cria l'ambulancier.

Le cœur au bord des lèvres, Eden courut à la rencontre de l'homme qu'elle aimait...

Epilogue

— J'ai un cadeau pour toi.

Cameron entoura la taille d'Eden de ses bras.

— Ah oui ? Et quand aurai-je le plaisir de le recevoir?

— Plus tard. Quand nous serons à la maison.

Les rayons du soleil de ce premier mai transperçaient le feuillage de l'énorme chêne, effleurant parfois les yeux rêveurs d'Eden. Cameron avait l'insigne honneur de la nommer son épouse depuis deux mois et son cœur était gonflé de tant d'amour pour cette femme qu'il avait envie de crier de joie. Il l'aimait plus que la vie.

Ils se regardèrent longtemps, les yeux dans les yeux, se comprenant sans qu'il leur soit besoin de parler. Cameron vit les paupières d'Eden s'alourdir, ses lèvres s'entrouvrir, et sut qu'elle avait deviné une fois de plus le message que lui livrait silencieusement son regard.

Lentement, il baissa la tête vers elle pour l'embrasser.

Elle se ressaisit la première.

— Cameron, on nous regarde, murmura-t-elle.

— Et alors?

— Voici le maire, insista Eden, légèrement essoufflée.

— Qui l'a invité?

— Toi.

A contre-cœur, Cameron se redressa.

— Moi? répéta-t-il, incrédule.

— Parfaitement. Ainsi que toutes les familles de McCauley et des villages avoisinants.

Il sourit malicieusement.

— C'est vrai, j'avais oublié.

Avec un geste tendre, Eden repoussa une mèche noire comme l'ébène sur le front de Cameron. Ce faisant, elle effleura une cicatrice à la lisière de ses cheveux. Comme elle le faisait plusieurs fois par jour, elle remercia le ciel d'avoir sauvé son mari d'une mort certaine. La seule évocation de son corps allongé sur la pelouse de l'usine dévorée par les flammes avait encore le pouvoir de lui glacer le sang.

— Bonjour, monsieur le maire, accueillit-elle Blackwell avec un sourire. C'est gentil à vous d'être venu.

Aussi gracieusement que possible, elle se libéra de l'étreinte de Cameron. Tout sourire, le maire de McCauley feignit de ne pas remarquer que les joues du Docteur Eden Scott étaient légèrement empourprées.

— Tout le plaisir est pour moi, répondit-il après s'être éclairci la gorge. McCauley n'est pas près d'oublier cette journée.

Ce jour de la Fête du Travail resterait en effet un souvenir impérissable pour les habitants de McCauley. Il était l'aboutissement d'innombrables réunions avec les avocats, les représentants syndicaux, les employés et les banquiers. Au milieu de ce chaos, ils avaient trouvé le temps de se marier, et de tomber chaque jour davantage amoureux l'un de l'autre.

— Bonjour, monsieur le maire.

Après avoir serré la main du premier notable de la ville, Cameron plongea la main dans la poche de son jean et se sourit à lui-même. Y avait-il au monde une femme plus désirable et plus adorable que la sienne?

— Etes-vous prêt, Cameron? demanda Blackwell. Les autres dignitaires sont déjà sur l'estrade. Non que les gens ne sachent pas ce que vous avez fait pour l'usine, mais cette cérémonie officielle a tout de même son importance.

— Oui monsieur.

Le maire se tourna vers Eden, l'air enthousiaste.

— Les deux journaux de Dallas ont envoyé des reporters. Et une équipe de tournage de Channel 8 vient d'arriver! Grâce à Cameron, McCauley n'est plus un petit point sans histoire sur la carte des Etats-Unis. Vous pouvez être fière de votre mari...

Le trio se dirigea alors vers le podium joliment décoré pour la circonstance. Cameron suivit le maire sur l'estrade et s'assit au milieu des conseillers municipaux et de plusieurs employés. Dès qu'il fut installé, il chercha dans la foule le visage paré de toutes les couleurs de la vie et de l'amour à ses yeux, celui d'Eden. Et pour ses yeux seulement, ses lèvres prononcèrent ces deux mots : je t'aime.

Tout en écoutant d'une oreille distraite les premiers discours, Eden remercia pour la centième fois la providence. Cameron avait survécu au deuxième incendie avec seulement une blessure mineure au front et une légère asphyxie. Randall Ford, ancien shérif de McCauley, attendait en prison d'être jugé pour les crimes dont il accusait Cameron : incendie volontaire, meurtre, tentative de meurtre, et escroquerie de compagnies d'assurance. Ces inculpations le maintiendraient en prison pour un certain temps. Et pour finir, aujourd'hui naissait officiellement la compagnie qu'abriterait désormais l'usine restaurée : la McCauley Corporation.

Mais là n'était pas le plus important. Le comble du bonheur du couple était d'avoir enfin trouvé un foyer. Non pas une maison, ou un village, mais une famille, une vraie, dont ils étaient les fondateurs. La maison de Willow Lane resterait leur résidence principale, mais ils garderaient l'appartement de Houston, ainsi que leur nouvelle maison de campagne dans les environs de Dallas. En regardant Cameron s'avancer vers le micro, elle se sourit à elle-même.

L'ancien — et très bref — propriétaire de l'usine inonda les employés-patrons de la nouvelle usine d'encouragements prononcés du fond du cœur. Il leur parla d'ambition, de rêve, de travail, et de nombreuses fêtes à venir.

Les yeux embués de larmes, Eden l'écouta avec fierté et tendresse.

***

Deux heures plus tard, la porte de la maison de Willow Lane se refermait derrière eux. Eden se retourna vers son mari. Les innombrables baisers dérobés sous les regards curieux des invités, les frôlements de mains sous la table et les regards prolongés avaient ravivé les braises d'une passion prête à jaillir à tout instant.

Cameron franchit la distance qui les séparait en deux enjambées.

— Où est mon cadeau? demanda-t-il en l'enlaçant amoureusement.

— Là-haut...

***

La lumière argentée de la lune baignait les corps des deux amants enlacés sur le lit en désordre. Une brise douce gonflait les rideaux de la chambre, caressant leurs formes alanguies.

— T'ai-je déjà dit combien je t'aimais, Eden Felton?

Se hissant sur un coude, il glissa une mèche des cheveux d'Eden derrière son oreille aussi délicate qu'un coquillage nacré.

— Oui, répondit-elle avec un sourire mutin. Une fois au petit-déjeuner, et cinq ou six fois à la fête. Mais ce sont des mots que je ne me lasse jamais d'entendre.

— Pas plus que moi de les dire.

Les paupières closes, elle lui offrit ses lèvres.

— Alors je veux bien les entendre encore, et jusqu'à la fin de nos jours.

— Je t'aime... t'aime... t'aime...

Il pressa sa bouche contre la sienne.

— Et moi aussi, je t'aime, Cameron Felton, murmura-t-elle contre ses lèvres. J'aime ton intelligence, ton courage face à l'adversité, ta gentillesse, ta douceur. J'aime ton entêtement et ton sourire dévastateur... surtout ton sourire. Et pour finir, je t'aime parce que tu m'as empêchée de me cacher à moi-même.

— Quelle liste impressionnante de qualités!

— Elle n'est pas trop longue pour un homme impressionnant comme tu l'es, murmura-t-elle, l'amour noyant son regard.

— Et toi, tu es toutes ces choses aussi, et davantage encore. Mais surtout, tu m'as apporté l'amour et la paix. Grâce à toi, je commence même à mieux comprendre mon père.

— Winston aurait été fier de l'homme que tu es devenu, Cameron. Heureux et fier. Son souhait le plus ardent était que tu reviennes à la maison un jour.

— Pour y planter mes racines?

Eden sourit.

— Est-ce aussi grave que cela d'avoir des racines?

— Non. Tu as raison. Mais pour moi, le lieu n'a aucune importance. Du moment que tu es avec moi...

Ils s'aimèrent à nouveau, tendrement, habités par les souvenirs du passé et les promesses de l'avenir. Longtemps après, Cameron lui mordilla l'épaule.

— Je t'aime, Eden Scott Felton, désespérément, irrévocablement, éternellement. Nous allons vivre longtemps heureux et peupler cette maison d'enfants et de petits-enfants.

— Combien en veux-tu donc ?

— Douze. Un pour chaque année où nous avons été séparés.

Elle éclata de rire.

— Tu vois peut-être un peu grand, tenta-t-elle de le raisonner.

— Non, je suis simplement très malin. Car nous allons devoir consacrer beaucoup de temps à faire tous ces bébés...

Eden glissa les doigts dans les mèches noires de Cameron et lui massa la nuque.

— En tant que médecin, monsieur Felton, laissez-moi vous dire que vos idées sur la famille sont franchement démodées. En tant que femme libérée, je dirais qu'elles sont réactionnaires voire tout à fait phallocrates. Nous nous verrions obligés d'ouvrir une nursery !

— Et une clinique pour enfants, pour quand ils seront malades...

La main qui jouait dans la toison de sa poitrine s'immobilisa.

— Pourquoi dis-tu cela ?

— Parce que la ville de McCauley en a besoin, et parce que c'est ton rêve, non ?

— Qu'en savais-tu ?

— Depuis deux mois, tu en parles à tout le monde, sauf à moi. Je ne sais même pas si tu es tout à fait consciente de la fréquence à laquelle cette idée revient dans tes pensées ou ta conversation. Pourquoi ne m'en as-tu rien dit ? Tu n'ignores pas que mon plus grand plaisir est de réaliser tes rêves.

Elle s'écarta légèrement pour étudier son visage.

— Je ne sais pas, dit-elle pensivement. Peut-être ne t'ai-je jamais parlé de ce rêve justement parce que je sais que tu as le pouvoir de le réaliser. Comprends-tu ?

Il haussa les épaules.

— Oui, assez bien. Dans ce cas, ajouta-t-il en écartant les bras en signe d'impuissance, il ne me reste plus qu'à déchirer le contrat de location de la maison que je destinais à la clinique. Elle me paraissait pourtant idéale pour y installer deux ou trois bureaux, quatre ou cinq salles d'examen et une salle d'opération d'urgence...

— Que... que dis-tu ? Un contrat de location ?

— Exactement, répondit Cameron avec un soupir théâtral.

— Pour moi ?

— Qu'en ferais-je, franchement ?

— Cameron ! Cela représente beaucoup d'argent !

— Pour une femme comme toi... rétorqua-t-il avec un sourire désarmant.

Poussant un cri de joie, elle se jeta à son cou et lui couvrit le visage de baisers.

— Et maintenant, puis-je avoir mon cadeau ? demanda-t-il en essayant de lui échapper.

— Oui, oui, oui !

Sautant du lit, aussi nue que les bébés qu'elle mettait au monde, elle courut vers la commode et revint avec un petit paquet qu'il s'empressa d'ouvrir. Lentement, il déplia un minuscule pyjama en éponge velours rose et bleu. Interloqué, n'osant croire à l'intention que laissait deviner ce présent, il se tourna vers Eden.

— Puisque nous parlions de bébé, murmura-t-elle, nous en aurons bientôt un...

Dans leur regard, se lut la promesse que leurs rêves les plus fous n'auraient jamais le goût merveilleux de la réalité qu'ils partageraient désormais ensemble. Pour toujours.

EDEN SCOTT : SCORPION

COMBATIVE ET COURAGEUSE COMME UN SCORPION

Nul ne pourra accuser Eden de céder à la facilité ou à la passivité ! Elle prend son existence, ses activités à bras le corps. Ses objectifs et ses ambitions professionnels sont précis et rien ne peut entraver sa volonté de réussite et de succès, pas même l'amour ! Mais Eden, n'est pas seulement une femme résolue à réussir sa vie professionnelle, c'est aussi une nature sensuelle et généreuse.
Elle éprouve un intense besoin de contact avec autrui, sans pourtant, engager son cœur, ni ses sentiments à la légère.

UN AMOUR ABSOLU

Eden possède un sens aigu des responsabilités, elle se dévoue pour sa carrière de médecin. Franche et directe, elle a les pieds sur terre, personnalité entière et spontanée, elle est aussi capable de tout sacrifier à l'homme qu'elle aime, retrouvé après tant d'années de solitude. Derrière ce masque d'apparente froideur, bouillonnent les émotions et les passions les plus violentes. Elle se donnera corps et âme à son ami d'enfance.

SI VOUS ÊTES COMME EDEN NATIVE DU SCORPION ET ASCENDANT...

SCORPION ASCENDANT BÉLIER

Capable d'emportements et des pires colères, vous êtes une femme décidée et énergique. Rien de fragile ou de vulnérable en vous ! Seule compte à vos yeux, la réussite professionnelle, le cœur lui, passe au second plan de vos préoccupations !

SCORPION ASCENDANT TAUREAU

Intransigeante et extrémiste en amour, vous avez le goût des passions et des émotions violentes ! Ne supportant ni la médiocrité, ni les mensonges, vos amours sont puissants, vécus avec fougue et intensité. Votre vie sentimentale peut être jalonnée de ruptures, de rencontres, de liaisons passagères !

SCORPION ASCENDANT GÉMEAUX

Vous oscillez entre le cœur et la raison, sans réussir vraiment à trouver votre centre de gravité et votre équilibre. Entre deux amours, entre deux cœurs, vous avez du mal à stabiliser votre vie amoureuse. Désarmante et insaisissable, vos partenaires peuvent avoir du mal à vous comprendre.

SCORPION ASCENDANT CANCER

Émotivité à fleur de peau et sentiments bouillonnants, vous avez une soif de tendresse inassouvie. Besoin de vous épanouir au travers d'un "amour-passion", vous ne pouvez vous contenter d'une vie sentimentale morne et grise !

SCORPION ASCENDANT LION

Personnalité fière et pétillante, vous vous jetez avec passion et ardeur dans vos amours, vos nouvelles rencontres ou vos "coups de cœur" ! Vos sentiments, vos émotions sont votre raison et votre joie de vivre ! Vos relations aux autres sont spontanées et passionnées, votre vraie nature est ainsi : franche et directe !

SCORPION ASCENDANT VIERGE

Énergique et obstinée, vous possédez un sens aigu de la réalité et de vos responsabilités. La raison prime pour vous sur vos sentiments, mais devant le véritable amour, vos barrières s'affaissent, et vous ne pouvez plus réprimer les émotions qui vous assaillent.

SCORPION ASCENDANT BALANCE

Capable de tout sacrifier dans les bras de l'être aimé, vous vous donnez avec fougue et passion sans retenues, ni limites. Personnalité entière et idéaliste, seul compte pour vous, l'amour sincère et véritable, mais aussi tendre et romantique.

SCORPION ASCENDANT SCORPION

Vous rêvez d'une vie amoureuse riche et passionnée. Idéal à atteindre, but de votre existence, l'amour canalise toutes vos forces et vos pensées. Mais votre existence peut se ponctuer d'obstacles et de problèmes à gravir, avant de parvenir au vrai bonheur stable et durable.

SCORPION ASCENDANT SAGITTAIRE

Nature insoumise et rebelle, vous vous exprimez par petites touches d'émotions et de passions. Votre sensibilité est contrôlée, maîtrisée par la raison, qui tente, sans toujours y réussir, d'étouffer ce potentiel de puissance et de détermination qui vous habite !

SCORPION ASCENDANT CAPRICORNE

Prudente en amour, vous accordez votre confiance et votre amour avec parcimonie. Votre tendance naturelle vous incline plus à la modération et à la réserve, qu'à la passion. Distante, par peur ou par timidité, vous placez entre le monde et vous, une distance pour mieux vous protéger.

SCORPION ASCENDANT VERSEAU

Très sensible, douée d'une créativité à fleur de peau, vous associez finesse et raffinement. Votre vie amoureuse prend des teintes de feu, de passion. Idéaliste au plus profond de votre âme, vous êtes en quête d'un amour éternel et absolu.

SCORPION ASCENDANT POISSONS

Sensible et romantique, vous vibrez au rythme des palpitations de votre cœur. Prête à vous émouvoir au moindre regard, à la plus petite parole de tendresse, vous êtes un cœur tendre... à prendre. Il émane de vous un charme et un magnétisme sensuel et envoûtant.

Achevé d'imprimer sur les presses de l'Imprimerie Bussière
à Saint-Amand-Montrond (Cher)
en juin 1988 - ISBN : 2-280-83206-2
N° 4676. Dépôt légal : juillet 1988.
Imprimé en France

Collections Duo
48, avenue Victor Hugo 75116 Paris

Duo 206
Harmonie